Marc Chagall

Ingo F. Walther/Rainer Metzger

MARC CHAGALL
1887–1985

Pittura come poesia

Benedikt Taschen

SULLA COPERTINA:
Il violinista, 1911-1914
Olio su tela, 94,5 x 69,5 cm
Düsseldorf, Kunstsammlung
Nordrhein-Westfalen

SUL FRONTESPIZIO:
Autoritratto con pennello, 1909
Olio su tela, 57 x 48 cm
Düsseldorf, Kunstsammlung
Nordrhein-Westfalen

© 1990 Benedikt Taschen Verlag GmbH & Co. KG,
Hohenzollernring 53, D-5000 Köln 1
© illustrazioni: COSMOPRESS, Ginevra 1987
Traduzione di Elide Nguyen-Ippoliti
Impostazione della copertina: Peter Feierabend, Berlin
ISBN 3-8228-0450-9
Printed in Germany

Indice

L'opera giovanile in Russia
1887 – 1910

Poeta, sognatore, uomo esotico: durante tutta la sua lunga vita Chagall incarnò perfettamente il tipo dell'eccentrico e dell'originale sul piano artistico. Sia come ebreo che con sovranità sfidò la tradizione iconoclasta, sia come russo che superò l'abituale frugalità nonché come figlio di una povera, ma numerosa famiglia, divenuto di casa nella mondana eleganza dei saloni d'arte, Chagall è una specie di pellegrino per i mondi. Da sempre egli ha personificato lo charme del non conformista, nel quale confluirono sia la forza integrativa della cultura occidentale che la sua liberalità. Una biografia non di certo comune ed il suo riflesso in un mondo di motivi esotici divennero il marchio del fenomeno Chagall. Dal canto suo l'artista fece di tutto per curare la sua immagine dello straniero dal tono sommesso ed attonito, del cosmopolita rimasto bambino, del visionario solitario. La sua opera, profondamente religiosa ed ispirata alla patria, costituisce forse l'appello più convincente alla tolleranza ed al rispetto di ciò che è diverso, che sia stato mai lanciato dall'arte moderna.

Il mondo degli ebrei orientali, nel quale Marc Chagall vide la luce il 7 luglio 1887 come primogenito di nove figli, era ristretto ma sereno. Secondo quanto lui stesso scrisse con celia nella sua autobiografia «La mia vita», l'esistenza si svolgeva tranquillamente tra le sinagoghe, la panca accanto alla stufa e le botteghe. Nonostante che soltanto la metà dei 50.000 abitanti fossero ebrei, Vitebsk, la sua città di origine, mostrava i tipici caratteri dello «stedtl», con le sue case in legno, la sua atmosfera rurale, la sua povertà. Comunque, dopo il «cheder» – la scuola elementare ebraica – Chagall poté frequentare la scuola pubblica, vietata agli ebrei. La madre, Feiga-Ita, una donna con molto coraggio e preveggenza, era riuscita a corrompere l'insegnante e così il ragazzo poté sottrarsi alla fitta rete di relazioni di parentela e di vicinato, nella quale si rimaneva devotamente impigliati. Egli parlava russo invece di ebraico, prese lezioni di violino e di canto e cominciò a disegnare. Ma Chagall venne soprattutto a contatto con la classe borghese, di più larghe vedute, con proprie ambizioni culturali, con una vita che suo padre, Zahar, il venditore di aringhe perennemente stanco, non gli aveva potuto offrire.

Grazie alla sua perseveranza Chagall riuscì ad ottenere il permesso di soggiorno nalla capitale, obbligatorio per gli ebrei. Così,

«Mio padre aveva occhi azzurri, ma le sue mani erano piene di calli. Egli lavorava, pregava e taceva. Anch'io ero così taciturno come lui. Che ne sarebbe stato di me? Dovevo restare così per tutta la vita, seduto davanti ad una parete oppure trascinare anch'io barili? Osservai le mie mani. Erano troppo delicate . . .Dovevo cercare una professione particolare, un'occupazione che non mi costringesse a voltare le spalle al cielo ed alle stelle e che mi consentisse di trovare il senso della mia vita. Sì, cercavo proprio questo. Ma nella mia patria nessuno aveva mai pronunciato prima di me le parole ‹arte, artista›. ‹Che cos'è un artista?› mi chiesi».
MARC CHAGALL

Nudo rosso seduto, 1908
Olio su tela, 90 x 70 cm
Londra, collezione privata

Ragazza su un divano (Marussia), 1907
Olio su tela, 75 x 92,5 cm
Caracas, collezione privata

«Con i 27 rubli in tasca, gli unici ottenuti nella mia vita da mio padre per il viaggio, sparisco – ancor roseo e pieno di riccioli – a Pietroburgo, accompagnato dal mio compagno. Ho deciso.»

MARC CHAGALL in «La mia vita»

nel novembre 1906/07, egli si trasferì con il suo amico Viktor Mekler a Pietroburgo. Chagall, che già a Vitebsk aveva frequentato la scuola di pittura di Jehuda Pen, voleva ora ricevere nel centro culturale della Russia un'adeguata formazione accademica per diventare pittore. Il quadro *La ragazza su un divano*, che è il ritratto della sorella Marussia e venne dipinto in occasione di una visita a casa nel 1907 (fig. in alto), è una delle prime opere di Chagall e nel contempo un esempio della padronanza artistica raggiunta, con la quale egli sperava soprattutto di vincere lo scetticismo della sua famiglia. Come un fotografo, egli ha drappeggiato la ragazza sull'enorme divano, facendole accavallare le gambe in modo civettuolo e mettendole come ornamento un berretto. Anche i componenti della famiglia Chagall, ebrei ortodossi, usavano farsi fotografare, e così il quadro riflette nella banalità del motivo e nella posa un po' rigida la familiare estetica della macchina fotografica. La piattezza ornamentale, le tenui sfumature dalla figura al decoro del soffitto, le morbide e rotonde linee che abbozzano dolcemente i contorni

La famiglia o la maternità, 1909
Olio su tela, 74 x 67 cm
New York, collezione privata

del corpo evidenziano l'influsso della pittura allora imperante a Pietroburgo. Ma questo adattamento non è ancora in grado di nascondere i difetti tecnici del quadro, che risultano palesi in parti-colare nella raffigurazione delle membra.

Al contrario, quanta più forza ed autonomia traspaiono dal quadro *Nudo rosso seduto* (fig. a pag. 6), dipinto un anno più tardi

Nozze russe, 1909
Olio su tela, 68 x 97 cm
Zurigo, collezione E.G. Bührle

La strada del villaggio, 1909
Disegno a matita e guazzo su carta,
28,8 x 38 cm
Parigi, collezione privata

sempre a Vitebsk! Grazie all'assegnazione di una borsa di studio, Chagall era stato ammesso alla famosa scuola Zvantseva, dove insegnava Léon Bakst, uno dei sostenitori dell'apertura verso l'occidente e fautore influente di un simbolismo pittorico nel gruppo della rivista «Mir Iskusstva» (Il mondo dell'arte). Sotto la sua guida, Chagall acquisì, se non nuove forme espressive visive, per lo meno una maggiore coscienza del suo ruolo di artista. Egli presenta ora il suo nudo frontalmente: la diretta voluminosità del corpo fa perdere alla figura quell'espressione di solenne riservatezza che traspare invece dal ritratto di Marussia. Nell'originale tonalità in rosso, assunta a contrasto con il verde della pianta, nonché nella posizione della donna seduta, resa con una specie di scorcio che le conferisce un aspetto estatico, Chagall mostra anche una familiarità con la nuova pittura francese, soprattutto con quella di Henri Matisse.

Chagall non è l'autorevole principe degli artisti, dallo sguardo altezzoso che esce dal quadro, raffigurato nel suo *Autoritratto con pennello* del 1909 (fig. sul frontespizio). Ma egli non è più neppure l'ingenuo ragazzo di umili origini. Soltanto ora, in questi anni di apprendistato nella capitale e dopo essersi staccato dal suo ambiente familiare e sociale, Chagall può dedicarsi ai temi ed ai motivi che caratterizzeranno la sua futura opera, alle vedute del villaggio, alle scene ritraenti la vita contadina, all'esame interiore del piccolo mondo. Soltanto nell'antitesi con la sua vita da bohémien condotta nella capitale, tra continue preoccupazioni finanziarie e col fermo proposito di diventare famoso, nasce il tenero, intimo sguardo per lo «stedtl».

Un quadro come *La famiglia o la maternità* del 1909 (fig. a pag. 9) deve la sua qualità proprio a questo conflitto. Grandi superfici, figure serene, gesti semplici gli conferiscono una lapidaria dignità; la quotidianità dei riti ebraici è sprofondata in una quiete atemporale, tipica delle icone. Ma la composizione rimanda anche ad un tradizionale schema figurativo occidentale, alla raffigurazione della circoncisione di Cristo con il sommo sacerdote, della Madonna con il bambino e di Giuseppe, che discretamente rimane sullo sfondo. In questo quadro, che offre la possibilità di una lettura in chiave allegorica e nella cui scena quotidiana è stata proiettata una storia cristiana, Chagall mantiene polivalente anche il proprio linguaggio pittorico articolato tra semplicità e solennità, proprio come il suo grande maestro di quell'epoca, Paul Gauguin, che aveva spostato la nascita di Cristo nei mari del Sud.

Il dipinto *Nozze russe* (fig. a pag. 10) riflette al contrario la

«Mi chiamo Marc, ho l'animo sensibile e non ho denaro, ma di me si dice che abbia talento». MARC CHAGALL in «La mia vita»

La nascita, 1910
Olio su tela, 65 x 89,5 cm
Zurigo, Kunsthaus

Il padre dell'artista, circa 1907
China e seppia, 23 x 18 cm
Mosca, collezione privata

«Quando osservavo mio padre al lume della lampada, sognavo il cielo e le stelle, molto distanti dalla nostra strada. Tutta la poesia della vita si era concentrata per me nella tristezza e nel silenzio di mio padre. Qui era la fonte inesauribile dei miei sogni: mio padre, paragonabile all'immobile, discreta e silenziosa mucca che dorme sul tetto della capanna».

MARC CHAGALL

Donna con mazzo di fiori, 1910
Olio su tela, 64 x 53,5 cm
New York, collezione Helen Serger

propria felicità privata, rappresentata di nuovo in chiave allegorica in una scena di genere. Grazie a Théa Bachmann, nell'autunno 1909 Chagall aveva conosciuto Bella Rosenfeld, figlia di un gioielliere ebraico, la quale, come lui originaria di Vitebsk, studiava a Mosca. Anche Bella, quindi, aveva abbandonato la sua città natia. Nel 1915 avrà luogo il matrimonio e a partire da quel momento Chagall dedicherà molti dei suoi lavori alla moglie; l'armonia dei suoi mondi figurativi verrà sensibilmente influenzata da questa relazione con lei.

«Trovai la casa piena di uomini e donne seri, le cui masse nere oscuravano la luce del giorno. Chiasso, mormorii; all'improvviso gli strilli acuti di un neonato. La mamma, mezza nuda, giace a letto, smorta, con un colorito rosa pallido. Era nato il mio fratello più giovane». Nel 1910 Chagall elabora questo evento descritto nella sua autobiografia nel quadro *La nascita* (fig. a pag. 11), che rappresenta un'opera chiave del suo primo periodo in Russia. L'avvenimento viene inscenato come su un palcoscenico illuminato in modo drammatico, così come egli aveva appreso da Bakst, esecutore di numerose decorazioni teatrali. Sul lato sinistro, messo in rilievo dal baldacchino rosso, c'è il letto del parto con le lenzuola intrise di sangue e la madre spossata. La figura ieratica della levatrice tiene in braccio goffamente il neonato. Sotto il letto è rannicchiata la figura barbuta di un uomo, forse il padre. Sul lato destro, curiosi e contadini fanno ressa per entrare nella camera, un ebreo anziano conduce una mucca; anche attraverso il vetro alcuni visitatori assistono all'accaduto.

In questo dipinto sono raggruppate le tradizionali figure presenti ad una «nascita di Cristo»: la sacra famiglia, la levatrice ed i pastori che si avvicinano commossi. Ma ogni tono discorsivo, ogni forma aneddotica presenti nel racconto biblico sono spariti. Un rigido baldacchino separa il lato sinistro, riservato alla scena della nascita ed alle due donne, da quello destro, dove gli uomini sono soltanto degli spettatori. L'esperienza personale, così come essa è stata descritta nell'autobiografia, l'evento quotidiano di una nascita, il richiamo al tema cristiano sono incorporati in un ampio principio ordinativo fondamentale e indipendente da una determinata esperienza culturale.

Il tentativo, tipico per l'opera giovanile di Chagall – spiegabile anche con la sua biografia –, di superare i limiti intellettuali e di realizzare delle sintesi trova la sua espressione più ambiziosa nel quadro *La nascita*. Per quanto chiara e stringente possa risultare la logica figurativa, la soluzione formale è tutt'altro che soddisfacente. Il quadro si scompone in due parti. L'arte russa, ancora agli albori, non poteva più fornire alcun impulso a Chagall che era alla ricerca di un linguaggio visivo corrispondente alla complessità delle sue concezioni. Chagall poteva trovare le risposte soltanto a Parigi, la capitale dell'arte.

Gli anni a Parigi
1910 – 1914

Il giovane e promettente ambiente artistico russo aveva trovato risonanza a Parigi prima ancora che nel proprio paese. Il «Balletto russo» di Sergej Djagilev ed il suo seguito di ballerini, musicisti, scrittori e pittori vi avevano riscosso grande successo con il loro miscuglio di esaltazione ed esotismo, risvegliando nostalgie della vastità dei paesi dell'Europa orientale. La Russia era, per così dire, di moda. Alexej von Jawlensky, Vasilij Kandinskij, Jacques Lipchitz, artisti divenuti più tardi famosi in tutto il mondo, sfruttarono quest'occasione per conoscere l'arte moderna sul luogo della sua nascita. Bakst si era recato a Parigi già nel 1909 come collaboratore di Djagilev. Nell'autunno 1910 anche Chagall affrontò il viaggio in treno di 4 giorni, disponendo di una modesta borsa di studio assegnatagli dal suo mecenate di Pietroburgo, Max Vinaver, e animato dalla speranza di trovare ulteriori aiuti da parte della numerosa colonia russa a Parigi. A Montmartre, nell'appartamento di un compatriota, egli allestì il suo primo atelier.

Nelle sue memorie sulle nuove condizioni di vita, che per il paesano Chagall risultarono particolarmente difficili, egli scrive che «soltanto la distanza tra Parigi e la mia città natia mi ha trattenuto dal ripartire subito». Così egli si buttò nell'arte, visitò gallerie, ammirò l'arte degli impressionisti presso Paul Durand-Ruel, incontrò per la prima volta Gauguin e Vincent van Gogh alla galleria Bernheim, rimase profondamente impressionato dai lavori di Matisse esposti al Salon d'Automne e scoprì soprattutto i vecchi maestri: «Il Louvre ha posto fine a tutta questa indecisione». Quadri come *La modella* (fig. a sinistra), dipinto poco dopo l'arrivo a Parigi, sono nati infatti all'insegna di questo suo confronto con la tradizione pittorica francese. È vero che nella gamma dei colori usati continua a figurare lo scuro dei quadri russi, tuttavia la coloritura pastosa, la contemporanea presenza, a guisa di frangia, di tratti colorati si orientano alle teorie sul colore contemporanee. La raffigurazione di un atelier e con ciò il rispecchiarsi della propria attività viene presa come tema. Ma la modella stessa regge un pennello, dipingendo a sua volta un quadro, quale metafora di un'atmosfera di creatività che coinvolge tutti, di un impegno artistico che si estende alla vita quotidiana. «A cominciare dal mercato, dove io per mancanza di denaro compravo soltanto un pezzo di un lungo cetriolo, al lavoratore con il suo camice blu, fino ai più zelanti

Autoritratto, 1910
Penna e china su carta,
14,7 x 13,1 cm
In possesso degli eredi dell'artista

La modella, 1910
Olio su tela, 62 x 51,5 cm
Collezione Ida Chagall

Autoritratto con capra, 1922/23
Litografia, 41 x 26,4 cm

«Allora riconobbi che dovevo andare a Parigi. Vitebsk era la terra che aveva nutrito le radici della mia arte, ma la mia arte aveva bisogno di Parigi così come un albero dell'acqua. Non avevo nessun altro motivo per abbandonare la mia patria ed io credo di esserle rimasto sempre fedele nella mia pittura». MARC CHAGALL

Alla mia fidanzata, 1911
Guazzo, olio e acquerello su carta,
61 x 44,5 cm
Filadelfia, Philadelphia Museum of Art

seguaci del cubismo, tutto era espressione di una indiscussa sensibilità per la misura e la chiarezza, di un senso esatto per la forma»: così Chagall descrive questo intuito creativo che egli voleva ora far proprio.

Chagall alimentò, per quanto possibile, la leggenda della sua povertà. Non soltanto il cetriolo, del quale egli poteva permettersi soltanto un piccolo pezzo, non soltanto l'aringa, della quale egli mangiava oggi la testa, domani la coda, ma anche i quadri dipinti in questo primo periodo parigino dovevano esserne la prova. Molti di essi hanno infatti come supporto un pezzo di stoffa già dipinto; con abilità Chagall utilizzò i contrasti di chiaroscuro già esistenti per produrre effetti di luce propri. L'utilizzo di tela vecchia era, ovviamente, atto a dimostrare la sua costante mancanza di denaro, ma con il tempo esso si trasformò in un mezzo espressivo, diventando uno degli artifici dei cubisti.

Il quadro *Interieur II*, datato 1911 (fig. a pag. 18), mostra i primi incerti tentativi di adeguarsi al linguaggio formale del cubismo. Ma nel centro del quadro, dove si congiungono superfici angolari marcanti l'orlo della gonna della donna e l'angolo del tavolino, in questo centro vagamente astratto, prende vita una narrazione pittorica. Una donna, che tira dietro a sé una capra, si getta con furia selvaggia su un uomo barbuto che, accovacciato su una sedia e alquanto spaventato, cerca di sottrarsi all'attacco, afferrando la coscia della donna. La situazione di minaccia in cui si trova l'uomo, l'impulsività furiosa della donna diventano riconoscibili attraverso il trucco compositivo plurisecolare basato sull'abitudine di interpretare un quadro da sinistra a destra, analogamente a quanto avviene con la lettura di un testo.

Ma soltanto nel quadro *Dedicato alla mia fidanzata* (fig. a destra), che venne dipinto nello stesso periodo, Chagall trova una versione più moderna della stessa tematica, di nuovo archetipica per la descrizione della sessualità. Infatti, nonostante una struttura compositiva del tutto immobile che tiene conto della statica della figura centrale, soltanto qui si sviluppa tutto il carattere drastico del motivo: la donna che, simile ad un serpente, si contorce sulle spalle dell'uomo taurocefalo e gli sputa in faccia; l'uomo, in apparenza tranquillo, il cui gesto di afferrare la gamba della donna non appare più come un tentativo di difesa bensì come una forte stretta. La narrazione ed il suo contenuto simbolico sono ora inseparabili, non solo in quanto l'uomo e l'animale sono un tutto organico, ma soprattutto a seguito del movimento radiale che la donna compie per dimostrare la sua forza cui l'uomo sembra non potersi sottrarre. Diversamente che per il quadro *Interieur II*, qui non è più possibile interpretare la raffigurazione come una innocente scena di genere. Soltanto dopo lunghe controversie Chagall poté, ad esempio, esporre il quadro al Salone di primavera del 1912. Infatti, era stato severamente criticato e accusato di aver dipinto un quadro pornografico. Una semplice variante compositiva, consistente nel disporre i motivi in modo circolare attorno a un centro invece di raggrupparli in una direzione, fornì il pretesto di questa incredibile insinuazione. Chagall aveva copiato questo metodo dal cubismo,

Interieur II (coppia con capra), 1911
Olio su tela, 100 x 180 cm
Collezione privata

nel quale egli avrebbe trovato la soluzione di molti problemi incontrati nel primo periodo della sua attività.

Chagall giunse a contatto con il cubismo non tanto attraverso Pablo Picasso o Georges Braque, che ne erano stati i fondatori, quanto piuttosto attraverso Robert Delaunay, che era sposato con la pittrice russa Sonia Terk. Chagall e Delaunay non condividevano lo sguardo analitico per le cose proprio dei cubisti: per entrambi la sola dignità dell'oggetto concreto, che aveva indotto i cubisti ortodossi ad elevare anche la tela dipinta ad oggetto, aveva poca importanza. Soltanto secondariamente essi erano interessati all'ambivalenza tra astrazione e figurazione, a quel metodo complessivo con il quale Braque e Picasso volevano veder completata la banale osservazione di un oggetto mediante la conoscenza del suo uso dedotta dalla vita quotidiana. Il cubismo era per Delaunay, ed in particolare per Chagall, il linguaggio nel quale si poteva esprimere la magia del mondo, la vita segreta delle cose al di là di ogni funzionalità. Esso ricorreva a reticoli geometrici, criteri ordinativi che rendevano possibile la trasposizione di quanto immaginato e vissuto, dei desideri e delle visioni in una logica figurativa generalmente comprensibile. Le realtà immaginate erano di per sé già abbastanza complicate. Le fisionomie del piccolo russo, che a Parigi premevano verso la loro espressione, trovavano soltanto nella complessità delle forme cubistiche il medium loro confacente.

«La Ruche», l'arnia intrecciata – così chiamata per la forma

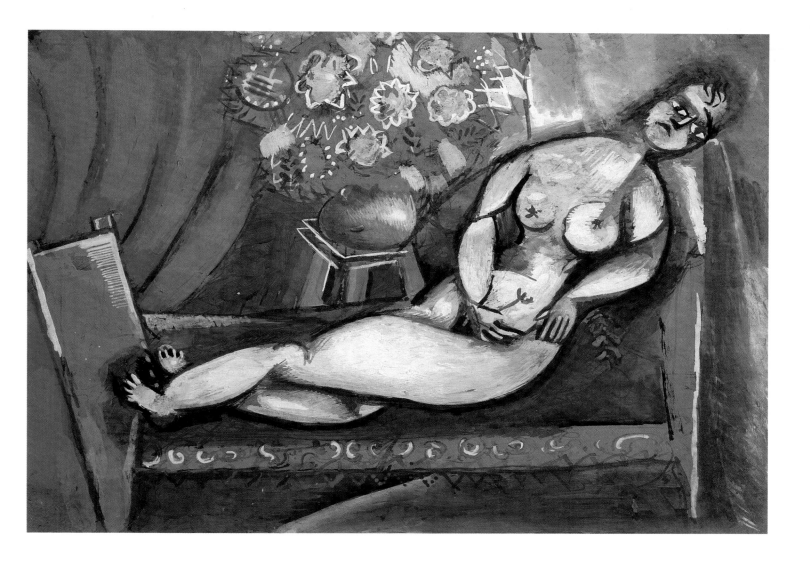

Nudo sdraiato, 1911
Tempera su cartone, 24 x 34 cm
Collezione Mr. e Mrs. Eric Estorick

del suo edificio centrale, un padiglione dodecagonale in legno — era una residenza degli artisti sita nelle vicinanze dei mattatoi, uno di quei luoghi che concorsero a creare la fama di Parigi come metropoli dell'arte ed un centro di raccolta di pittori e scultori provenienti da tutte le parti del mondo, che volevano realizzare qui il loro sogno di una carriera internazionale. Nell'inverno 1911/12 Chagall andò a stabilirsi lì, in uno dei circa 140 atelier, primitivi e sporchi, ma poco costosi. Tra i suoi vicini c'erano parecchi russi, primo fra tutti l'originale Chaim Soutine — un tipo ostinato e spesso di cattivo umore — ebreo orientale come lui. Con il trasloco, cambia anche il formato dei quadri di Chagall: l'artista utilizza infatti il maggiore spazio a disposizione rispetto alla stanza in Montmartre per ingrandire i suoi quadri. Molti dei lavori nati a «La Ruche» portano la data 1911; Chagall, infatti, aveva dimenticato di datare i quadri già terminati, cosicché retrospettivamente egli ebbe qualche difficoltà con la cronologia delle sue opere. Per se stesso egli raggruppava sempre la sua opera in cicli, per i quali stabiliva poi una data in base ad un orologio interno, indipendentemente dal tempo effettivamente trascorso. Anche per queste apparenti inezie, Chagall si rivela un maestro di simulazione ironica, che disde-

«Qui al Louvre, davanti ai quadri di Manet, Millet ed altri ho capito perché il mio legame con la Russia e l'arte russa sia stato così blando, perché perfino il mio linguaggio sia loro estraneo».

MARC CHAGALL in «La mia vita»

L'uomo con il maiale, 1922/23
Litografia, 46,5 x 32,5 cm

«Ma forse – pensavo – la mia arte è l'arte di un pazzo, un mercurio scintillante, un'anima blu che irrompe nei miei quadri».   MARC CHAGALL in «La mia vita»

Io ed il villaggio, 1911
Olio su tela, 191 x 150,5 cm
New York, Museum of Modern Art

gnando volutamente un ordine comprensibile segue soltanto l'istinto claunesco della sua vita interiore.

Il quadro *Io ed il villaggio* (fig. a destra), che porta anch'esso la data 1911, pur essendo stato interamente eseguito a «La Ruche», è l'opera programmatica per eccellenza di Chagall degli anni parigini. In essa la composizione radiale, la partizione della struttura figurativa movente da un punto centrale diventa il principio fondamentale. Partendo dalle sagome di Delaunay, che utilizza l'analogia del cerchio con il sole come aiuto figurativo per le sue composizioni di colore altrimenti astratte, Chagall riesce ora a legare in un'unità logico-figurativa i suoi motivi dedotti dalle diverse sfere della realtà. Determinando ognuno di essi uno dei quattro settori, l'uomo, l'animale, la natura, sotto forma del ramo, e la civilizzazione, rappresentata dal villaggio, si contrappongono archetipicamente l'uno all'altro. Una storia o un'azione non sono più necessarie, soltanto il reticolo geometrico, che ricopre l'intero quadro di diagonali e segmenti circolari, è in grado di ordinare la raffigurazione. Simultaneità di motivi e trasparenza delle forme – due dei criteri innovatori del cubismo – forniscono ora la prova di essere in grado di dischiudere nel quadro ricordi visivi, visioni, frammenti delle più differenti realtà della raffigurazione. La testa dell'agnello, il cui profilo crea spazio per la scena della mungitura, case ed uomini capovolti, proporzioni che si contrappongono a qualsiasi esperienza, tutti questi elementi facenti parte in modo associativo del quadro rappresentano una realtà al di là del mondo visibile, l'immaginazione di quanto da ricordo diventa simbolo. Tutti i particolari contenuti nel quadro *Io ed il villaggio* traggono origine infatti dalla memoria. Chagall si serve del cubismo, che accentra la sua attenzione in modo particolare sulla figura concreta, per la creazione di un mondo autonomo, dipendente soltanto dalla propria psicologia. In proposito Chagall scrive: «Giunto a Parigi ero finalmente in grado di esprimere il piacere in un certo senso culinario che avevo provato qualche volta in Russia: quello dei miei ricordi d'infanzia a Vitebsk». Sentimenti di felicità e di nostalgia del piccolo mondo della sua infanzia: soltanto a Parigi Chagall trova i mezzi per schiudere la sua vita interiore.

Il titolo *Io ed il villaggio* costituisce nella sua fantasiosa pregnanza una specie di contrapposto letterario al gioco figurato con la polisemia. Esso è uscito, come ad esempio anche *Dedicato alla mia fidanzata* (fig. a pag. 17) oppure *Alla Russia, agli asini ed agli altri* (fig. a pag. 25), dalla penna di Blaise Cendrars, il più importante compagno di Chagall negli anni parigini. Il suggestivo staccato di immagini che Cendrars ha creato nelle sue poesie e romanzi, l'anarchica gaiezza delle sue creazioni di parole corrispondono all'associativo mondo magico di Chagall forse di più che non la severa levigatezza intellettuale dei suoi colleghi pittori. Furono alcuni letterati ad incoraggiare Chagall a proseguire il suo cammino, a condividere la sua tendenza per la poesia, a cercare con lui i significati segreti nelle cose. Cendrars definì il suo amico «un genio, spaccato come una pesca». Chagall lo contraccambiò con il quadro *Il poeta*. Il poeta, che siede solo al tavolo con

MARC CHAGALL

«Dorme
Ora è sveglio
D'un tratto dipinge
Afferra una chiesa dipinge con una
                                    chiesa
Afferra una mucca e dipinge con una
                                    mucca
Con una sardina
Con teschi mani coltelli
Dipinge con i nervi di un bue
Con tutti gli infamati dolori di cittadine
                                    ebree
Tormentato da passioni del profondo
                                    della Russia

Per la Francia
Cuore morto e piaceri
Dipinge con cosce
Porta gli occhi sul sedere
Ecco la vostra faccia
Sei tu caro lettore
Son io
È lui
La propria sposa
Il bottegaio all'angolo
La vaccaia
Ostetrica
In secchi di sangue si lavano neonati
Infinita pazzia
Musi sputano mode
La torre Eiffel uguaglia un cavatappi
Mani ammucchiate
Cristo
Lui stesso Gesù Cristo
A lungo sulla croce ha vissuto la giovi-
                                    nezza
Un nuovo suicidio ogni nuovo giorno
D'un tratto non dipinge più
Era sveglio
Ora dorme
Si strangola con una cravatta
Chagall sbalordito
Lo sostiene l'immortalità»

BLAISE CENDRARS

Il poeta (Tre e mezzo), 1911
Olio su tela, 196 x 145 cm
Filadelfia, Philadelphia Museum of Art

una tazza di caffè in mano accanto a una bottiglia di acquavite che si protende invitante verso di lui, sembra inseguire un'ispirazione poetica. In ogni caso egli è immerso in un mondo immaginario, soprannaturale; la sua testa, il suo spirito, svincolato dal corpo, supera perfino il reticolo delle diagonali nel quale è intrecciato il mondo figurativo.

In questo omaggio al letterato del caffè, Chagall evidenzia già i primi accenni al superamento della geometrizzazione cubistica del quadro. L'intreccio delle linee, finora soltanto garante di un ordine costruttivo, si è fatto qui portatore del messaggio del quadro: cattura la figura, il corpo del poeta, nella sua rete, per liberare in modo tanto più efficace la testa, fonte dell'ispirazione. La forza immaginativa del poeta, la sua indipendenza da un principio ordinativo dovevano rappresentare le doti proprie di Chagall. Strutture geometriche diventano di colpo metafore, fonti di poesia.

«Surnaturel», soprannaturali, definì Guillaume Apollinaire i mondi figurativi di Chagall; più tardi egli li chiamerà «surreali». Così, partendo da Chagall, viene coniato il concetto di Surrealismo che definirà un'intera epoca. Apollinaire, suo inventore, non è stato tanto l'amico quanto il mentore di Chagall: instancabilmente egli cercò di organizzare per lui un luogo d'esposizione. Come ringraziamento, Chagall gli dedicò il quadro *Omaggio ad Apollinaire* (fig. a pag. 26), nel quale però egli civetta con l'alone del misterioso sconosciuto forse più di quanto Apollinaire non lo avesse apprezzato. Al centro della composizione, nella cui forma circolare sottolineata da un quadrante abbozzato, figurano Adamo ed Eva che, tenendo fra di loro la mela, si congiungono in un'unica figura. Al mito dell'androgino si aggiunge una sigla di dedica, che proietta nei nomi di amici le abbreviazioni dei quattro elementi. Chagall ha espresso in chiave allegorica anche la propria sigla, cancellandone le vocali ed associandovi significati cabalistici. Il miscuglio alquanto misterioso di ogni sorta di dottrine esoteriche può soddisfare senza altro il desiderio di Chagall quale impegno intellettuale, ma esso può venir reso comprensibile soltanto mediante l'uso di parole, risultando così più vicino alla forma poetica che non a quella pittorica.

«Personalmente non credo che tentativi scientifici giovino all'arte. Impressionismo e cubismo mi sono sconosciuti. L'arte mi sembra essere soprattutto uno stato d'animo». Il senso di turbamento – espresso qui nei confronti di Apollinaire – provato da Chagall per la bellezza neutrale del visibile, il suo rifiuto di «un'epoca che inneggia alla tecnica e divinizza il progresso» si riflettono sempre di più sulla sua opera. Quadri come *Adamo ed Eva* (fig. a pag. 29), datato 1912, che attraverso il modo analitico di compenetrare la figura rendono ancora omaggio all'autodinamismo di forme pittoriche, sono rappresentativi nell'opera di Chagall soltanto per breve tempo. Ben presto si impongono di nuovo lo sguardo infantile-ingenuo sulla magia del mondo e la ricerca avventurosa del messaggio segreto nelle cose. Le esperienze dell'infanzia, che Chagall riproduce nel suo mondo figurativo, sono inserite nelle tradizioni della sua origine, nel pensiero antirazionale della Russia

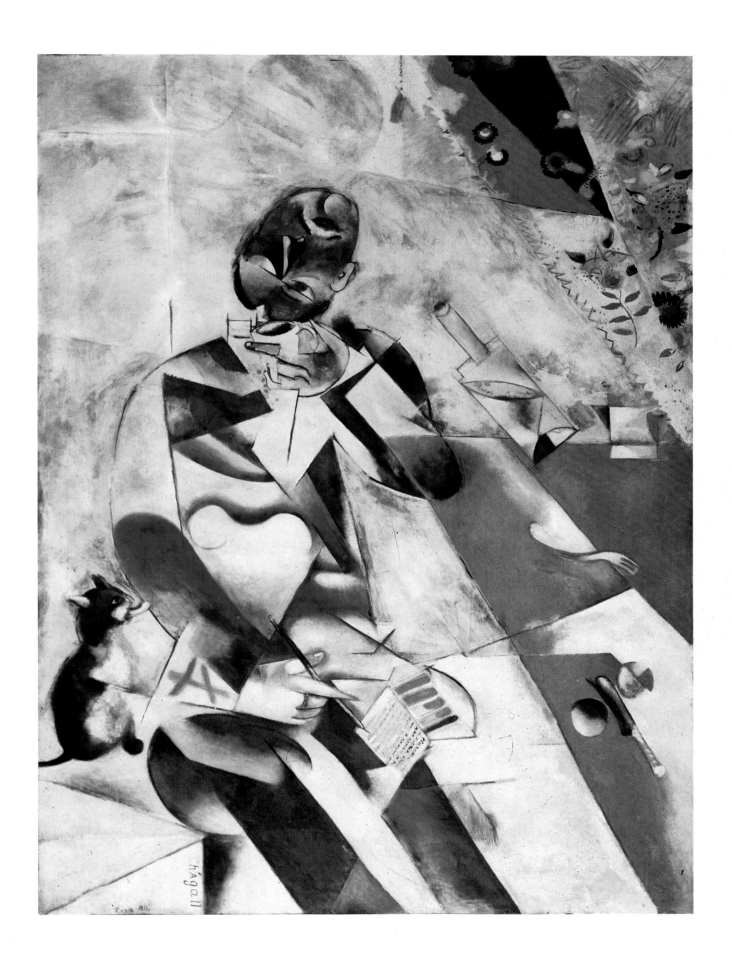

Alla Russia, agli asini ed agli altrí,
circa 1911/12
Olio su tela, 156 x 122 cm
Parigi, Musée National d'Art Moderne,
Centre Georges Pompidou

e nella rigorosa proibizione per il mondo ebraico di rappresentare la figura umana. In questo senso le scene di Chagall non sono mai isolate da un mondo delle idee mistico, che trasforma i motivi in simboli, in sostituti di una realtà invisibile.

La seconda versione del quadro *La nascita*, datato 1911, evidenzia infatti un rapporto molto più aperto con uno dei misteri della natura (fig. a pag. 28). Il rigido pathos della precedente versione, nella quale Chagall – desideroso di profilarsi artisticamente – ebbe a sollecitare troppo la capacità espressiva del quadro, ha ceduto ora il posto alla gaia predilezione per l'aneddoto. Anche qui la giovane madre giace sul lenzuolo sporco di sangue, ma attorno a lei regna ora un vivace andirivieni. Due donne si intrattengono concitatamente, altre si sono addormentate sulla stufa, e sul lato destro del quadro si attende di festeggiare debitamente il lieto evento. Il dinamismo di forme figurative, che Chagall è riuscito a introdurre nei suoi lavori come prestito dal cubismo, è in grado di animare anche il racconto figurato. Soltanto ora le esperienze dell'infanzia, che nispirano spesso il mondo figurativo di Chagall, ottengono quella vivacità e quello charme vitale che, indipendemente da ogni simbolismo, le rende comprensibili come reportage di un'esistenza spensierata. La testa che poggia a rovescio sulle spalle del poeta, il soldato che saluta, tenendo il dito sotto il rubinetto del samovar, mentre il berretto gli si solleva da solo – così come si ammira nel quadro *Il soldato che beve* (fig. a pag. 27) –, sono motivi affini presenti dovunque in quest'opera. Il tono discorsivo costituisce una caratteristica propria di Chagall.

Anche in Chagall, così come nell'opera del suo grande contemporaneo Picasso, fasi analitiche si alternano a fasi sintetiche. Mentre nel suo primo periodo a Parigi, stimolato ancora dall'analogo procedimento del cubismo, Chagall analizza nell'intreccio di motivi il suo mondo di esperienze, giustapponendo impressioni e ricordi tenuti insieme soltanto da un reticolo astratto che ricopre la superficie figurata, ora la sua attenzione si rivolge sempre di più alla singola scena che domina tutto il quadro, alla concentrazione dei suoi pensieri sul momento in cui il tempo sembra essersi fermato. «Mentre in Francia prendevo parte a questo singolare mutamento delle tecniche artistiche, nei miei pensieri e, per così dire, nella mia anima ero ritornato nel mio paese. Vivevo con le spalle volte a ciò che si trovava davanti a me». Così Chagall descrisse nel 1960 il suo interesse per il passato, che voleva dire anche un addio a quell'ambiente avanguardista per il quale il progresso artistico era sinonimo di novità, di originalità del linguaggio sia scritto che parlato.

Il quadro *Il mercante di bestiame*, datato 1912, come pure molte altre opere dipinte più tardi (fig. a pag. 31), riproduce invece l'armoniosa semplicità della vita contadina. Metafore del rifugio dominano la scena agreste: il puledro non ancora nato, che si trova protetto nel ventre della giumenta, l'agnello sulle spalle della donna, che ricorda il motivo cristiano del buon pastore, il ponte sul quale il carro si muove lentamente. L'impressione di solennità radiosa, dovuta all'alternanza compositiva di scene orizzontali e

Omaggio ad Apollinaire, 1911/12
Olio, polvere d'oro e d'argento su tela,
200 x 189,5 cm
Eindhoven, Stedelijk Van Abbemuseum

scene verticali, porta a dimenticare che con gli animali vengono
conclusi affari, che vengono condotti forse al mattatoio. Il ricordo
della patria ricopre la raffigurazione con velo indulgente dell'oleo-
grafia convenzionale.

Il quadro *La presa di tabacco* (fig. a pag. 30) evoca ancor di
più il proprio paese. La figura solenne dell'ebreo barbuto e ric-

ciuto, filatteri e stelle di Davide sullo sfondo, il libro con segni grafici ebraici evocano una scena familiare, alla quale il colore fornisce nel contempo un carattere di visione. Nella sua alternanza fra distacco e contiguità, fra vita quotidiana e caratteri esotici, esso è espressione di nostalgia. Il nome «Segal Mosche» – il nome dell'artista in patria e che già in Russia Chagall aveva internaziona-

Il soldato che beve, 1911/12
Olio su tela, 109 x 94,5 cm
New York, Solomon R. Guggenheim Museum

La nascita, 1912
Olio su tela, 112,5 x 193,5 cm
Chicago, Art Institute of Chicago

A DESTRA:
Adamo ed Eva (La tentazione), 1912
Olio su tela, 160,5 x 109 cm
St. Louis (Mo.), St. Louis Art Museum

lizzato per motivi di pregnanza in «Marc Chagall» — riportato in caratteri ebraici nel libro aperto sul tavolo, evidenzia il desiderio sempre più ardente dell'artista di rivedere la propria patria.

L'occasione gli si presenta nella primavera del 1914. Herwarth Walden, mentore dell'Espressionismo ed editore della rivista «Sturm», la più importante rivista tedesca dell'arte avanguardista, organizza, su raccomandazione di Apollinaire, nella sua galleria di Berlino la prima grande mostra personale di Chagall. Poiché a Parigi Chagall aveva venduto soltanto alcune grafiche, l'offerta del rinomato mercante equivaleva ora ad un'affermazione in campo internazionale. Per un'ironia del destino e della politica, Chagall non ricevette tuttavia alcun compenso dalla vendita dei suoi quadri. Lo scoppio della prima guerra mondiale impedì per molti anni la grande carriera. «I miei quadri — ricorda Chagall — si pavoneggiavano nella Potsdamer Straße, mentre nelle vicinanze venivano caricati i cannoni». Ciononostante il 13 giugno 1914 egli si recò in Russia, munito di un visto di tre mesi, per assistere alle nozze della sorella, per rinfrescare i ricordi e rivedere Bella. Ben presto, però, i confini vennero chiusi e così le previste settimane diventano otto anni. Chagall ritorna così nel luogo evocato in quasi tutti i suoi quadri.

Il violinista (fig. a pag.33) è uno degli ultimi lavori del periodo parigino. Rispetto alla prima versione (fig. a pag. 32), datata 1912/13, che lascia intravedere il tessuto della tovaglia sulla quale è dipinta, segnalando in questo modo, unitamente all'uso di propor-

zioni contrapposte, la sua fedeltà al cubismo, una curva stradale attraversa come un filo conduttore la raffigurazione, conferendole un'unità spaziale e scenica. Il suonatore di violino, vestito di rosso, dietro il quale un giovane mendicante chiede un obolo, è la figura dominante. Poiché, tradizionalmente, egli accompagna i matrimoni giudaici (fig. a pag. 10), le due persone sullo sfondo sono senz'altro una giovane coppia di sposi. Elementi del grottesco non disturbano più la solida armonia, soltanto il colore conferisce alla scena i caratteri del fantasioso, dell'immaginario e dell'illusorio, denotando come questi quadri siano nati nella metropoli dell'occidente. Il violinista maschera piuttosto la sua artificiosità, simula una realtà della raffigurazione inesistente. In esso sono accennati in ogni caso i mezzi espressivi che Chagall, avendone ormai concretamente presente i motivi, potrà riprendere, invariati, in Russia.

Il mercante di bestiame, 1912
Olio su tela, 97 x 200,5 cm
Basilea, Kunstmuseum

A SINISTRA:
La presa di tabacco, 1912
Olio su tela, 128 x 90 cm
Collezione privata

FIG. A PAG. 32:
Il violinista, 1912/13
Olio su tela, 188 x 158 cm
Amsterdam, Stedelijk Museum

FIG. A PAG. 33:
Il violinista, 1911-1914
Olio su tela, 94,5 x 69,5 cm
Düsseldorf, Kunstsammlung
Nordrhein-Westfalen

Guerra e rivoluzione in Russia
1914 – 1923

«Vitebsk è un mondo a sé, una città unica, una città triste, una città monotona». Ma, rispetto alle esperienze che Chagall farà negli anni seguenti, il suo giudizio sulla monotonia riguarda più Parigi che non la sua città natale. Il suo soggiorno in Francia fu caratterizzato infatti da continuo lavoro e da monotone visite ai circoli elitari bohémien. Quindi non tanto l'impatto con la realtà della metropoli, quanto piuttosto la riflessione, l'esame della propria creatività ebbero a costituire la base della sua opera parigina. Guerra e rivoluzione determineranno ora la vita di Chagall e la sua opera, portandolo in situazioni esistenziali di estremo disagio.

Ogni atteggiamento altezzoso è sparito dall'autoritratto dipinto poco dopo il ritorno in patria (fig. a sinistra). L'artista ha ora un'espressione purificata rispetto alla versione analoga del 1909 (fig. a pag.2): scettico, quasi un po' misterioso egli sporge il capo da dietro le foglie della pianta, pronto a rinascondervisi in ogni momento. Chagall sottolinea i lineamenti delicati e femminei del suo volto, è di nuovo il giovane che si mette il belletto sulle guance, così come soleva fare con piacere nel passato. Con questa raffigurazione egli può aver soddisfatto senz'altro le aspettative della sua famiglia, confermando in tal modo l'immagine che era rimasta viva di lui. Ma il ritratto di Chagall documenta ancor di più il timore di un reclutamento nell'esercito dello zar. Di proposito Chagall evita qui ogni impressione di mascolinità e di forza, che lo avrebbero predestinato a fungere da carne da cannone per la guerra, come era capitato fin troppo spesso agli ebrei.

«Voina», guerra, è anche l'unica parola decifrabile nel frontespizio del giornale del dipinto *Il giornale di Smolensk* (fig. a pag. 37). Due uomini hanno il giornale aperto davanti a sé sul tavolo e la loro conversazione sembra aggirarsi esclusivamente sui massacri che avverranno in Europa. Il vecchio ebreo ha appoggiato pensieroso le braccia sul tavolo e pensa agli obblighi imposti dal regime dello zar al suo popolo fin dai tempi antichi. Ma anche l'uomo che gli sta di fronte – un borghese a giudicare dal vestito e dalla bombetta che porta – non appare affatto soddisfatto: sconcertato, egli si passa la mano sulla fronte. I famosi *Giocatori di carte* di Paul Cézanne hanno ispirato questa raffigurazione, ma Chagall non si sentiva disposto a ripresentare il giochetto innocente inscenato dal vecchio maestro. Dal quadro traspare un senso di angoscia e di

Autoritratto, 1922/23
Litografia, 24,5 x 18,2 cm

Autoritratto con colletto bianco, 1914
Olio su cartone, 30 x 26,5 cm
Filadelfia, Philadelphia Museum of Art

Il giornale di Smolensk, 1914
Olio su carta su tela, 38 x 50,5 cm
Filadelfia, Philadelphia Museum of Art

sgomento; il forte «urrà» gridato da molti dei suoi colleghi artisti partiti per la guerra, come ad esempio da Apollinaire, non esce dalle labbra di Chagall.

«Avete visto il vecchio in preghiera? Eccolo qui. Sarebbe bello, se si potesse lavorare in modo così tranquillo. Qualche volta mi sono trovato davanti una persona, un uomo, dall'espressione così tragica e dall'aspetto così invecchiato, da rassomigliare già ad un angelo. Ma con lui non ho potuto resistere per più di mezz'ora. Puzzava troppo». In modo affettuoso ed ironico, con la cosciente nonchalance dell'uomo di mondo, Chagall si riavvicina ora al piccolo mondo dal quale era uscito. Quadri come *L'ebreo in preghiera* (fig. a sinistra) ed *Il giorno di festa* (fig. a pag. 39) si affidano volentieri allo charme immediato del loro motivo, alla dignità atemporale trasparente da questi vecchi o invecchiati servitori della loro fede. Ma nel contempo diventa manifesta l'opposizione di Chagall al loro intreccio nell'idillio, che l'artista non può più giustificare. Questi quadri sono icone di un mondo tardivo.

Il 25 luglio 1915 Chagall sposa Bella, amata per lunghi anni nonostante la grande distanza. I due avevano dovuto superare numerose difficoltà, in particolare l'opposizione dei genitori di lei,

A SINISTRA:
Ebreo in preghiera (Il rabbino di Vitebsk), 1914
Olio su tela, 104 x 84 cm
Venezia, Museo d'Arte Moderna

Il compleanno, 1915
Olio su cartone, 80,5 x 99,5 cm
New York, Museum of Modern Art

A DESTRA:
*Giorno di festa (Rabbino con limone),
1914*
Olio su cartone su tela, 100 x 81 cm
Düsseldorf, Kunstsammlung Nordrhein-
Westfalen

che avrebbero desiderato come genero un giovane di famiglia più facoltosa. Ma al più tardi la nascita della piccola Ida, avvenuta nove mesi dopo, fugherà tutte le riserve. In tempi di grandi sconvolgimenti, i due si sentono al settimo cielo, come traspare dal quadro *Il compleanno* (fig. in alto). Minuziosamente Chagall ha dipinto il motivo del cuscino per il divano, la decorazione della tovaglia e riprodotto nei minimi particolari l'arredamento della stanza. L'amore, che il quadro evoca, ha un riferimento concreto, esso esiste realmente e non è una visione dell'amata, come a suo tempo a Parigi. «Bastava che aprissi la finestra della stanza – scrive Chagall – e subito entravano d'impeto insieme a lei l'azzurro, l'amore ed i fiori. Vestita tutta di bianco o tutta di nero, già da tempo lei si aggira come uno spirito nei miei quadri, come ideale della mia arte». Pieno di fervore poetico, Chagall usa parole come «entrare d'impeto», «aggirarsi come uno spirito» oppure «volare» per definire con termini linguistici la sua felicità con Bella, la sua allegria. L'inebriante leggerezza che caratterizza la coppia d'innamorati raffigurata è in realtà soltanto il trasporto visivo della metafora, la traspo-

Il poeta sdraiato, 1915
Olio su cartone, 77 x 77,5 cm
Londra, Tate Gallery

sizione fedele dell'immagine linguistica in un'immagine figurata.
L'etichetta di «poesia», usata ripetutamente per l'opera di Chagall,
trova la sua giustificazione in questa identificazione fra linguaggio
parlato e linguaggio visivo.

Il sogno del pittore di una vita allegra e spensierata in campagna con la sua sposa, la testa sull'erba, diventa vivo nel quadro *Il
poeta sdraiato* (fig. in alto), dove il poeta è disteso per il lungo
per adeguarsi alla misura del quadro. Sopra di lui – e qui l'artista
non dice se si tratti di una visione del poeta oppure di una realtà
figurata – si estende l'idillio agreste, che Chagall così descrive

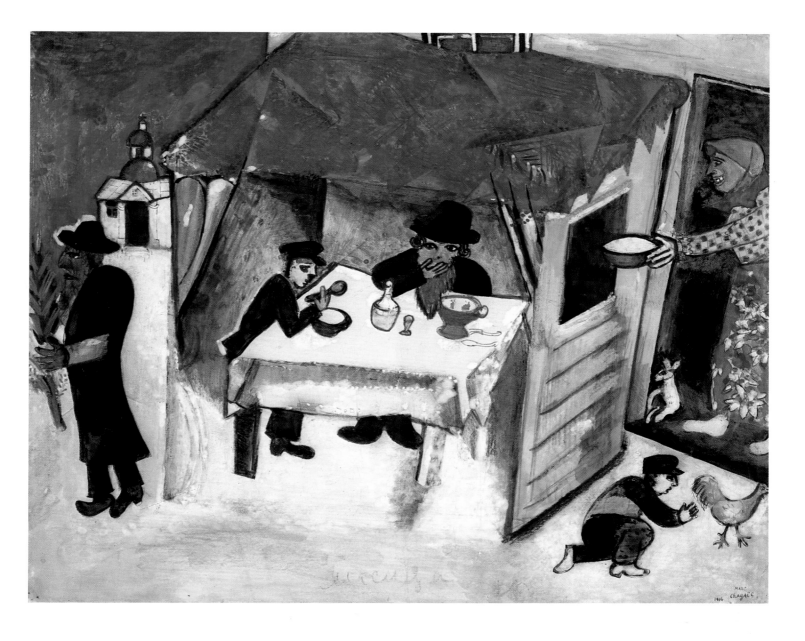

nella sua autobiografia: «Finalmente solo in campagna. Bosco, pini e solitudine. La luna dietro il bosco. Il maiale nella stalla, il cavallo sui campi, dietro la finestra. Il cielo di color lilla». Come per la figura del poeta nel quadro, anche nella sua autobiografia Chagall non dice se la sua descrizione si rifaccia ad un'esperienza realmente vissuta oppure se essa illustri soltanto il quadro. La poesia, come gioco cosciente fra vaghezza e molteplicità di significati, vive sempre – proprio come prospetta Chagall – anche della possibilità di scambio fra immaginazione e realtà. Ma a parte ogni civetteria con questa dote poetica, questi quadri sono anche formule di evocazione di un mondo intatto, mezzi per sfuggire alla brutale realtà degli anni di guerra.

La triste realtà, però, non si fa attendere. Il servizio militare è inevitabile. Al fine di evitare di essere mandato al fronte, con conseguente danno sia per il corpo che per l'anima, egli lavora nell'ufficio del cognato, Jakov Rosenfeld, dove vengono assolti importanti compiti per la guerra. Chagall, la cui attività in questo ufficio è

La festa dei tabernacoli, 1916
Tempera, 33 x 41 cm
Lucerna, Galleria Rosengart

«Abbasso il naturalismo, l'impressionismo ed il cubismo realistico . . . .Abbandoniamoci alla nostra follia! È necessario un bagno di sangue purificatore, una rivoluzione della profondità e non della superficie».
MARC CHAGALL

Bella, 1925
Acquaforte e puntasecca,
22,5 x 11,6 cm

«La mattina e la sera mi portava nell'atelier deliziosi dolci fatti in casa, pesce arrosto, latte bollito, stoffe colorate e perfino tavole che mi servivano da cavalletto. Bastava che aprissi la finestra e d'impeto entravano insieme a lei l'azzurro, l'amore ed i fiori. Vestita tutta di bianco o tutta di nero, già da tempo lei si aggira come uno spirito nei miei quadri, come ideale della mia arte». MARC CHAGALL in «La mia vita».

Bella con il colletto bianco, 1917
Olio su tela, 149 x 72 cm
In possesso degli eredi dell'artista

equipollente al servizio al fronte, trascorre le sue giornate a Pietroburgo apponendo banali sigilli su taluni documenti. La voglia di dipingere lo ha abbandonato.

A Parigi, dove sul piano artistico avevano avuto luogo numerosi altri eventi di rilievo, Chagall aveva seguito poco la produzione artistica russa e l'enorme progresso della sua avanguardia dalla limitazione regionale alla risonanza mondiale. Ora, a Pietroburgo, egli ottiene la possibilità di cimentarsi con le nuove correnti. Nel 1912 Chagall aveva preso parte all'esposizione «Coda d'asino», mandando da Parigi il quadro *Il morto*. Poiché la concezione pittorica ivi proclamata non era molto dissimile dalla sua, nel 1916, e cioè con ritardo, Chagall si rifà al neoprimitivismo di Natalija Gončarova e Michael Larionov, che trova la sua espressione più evidente nel quadro *La festa dei tabernacoli* (fig. a pag. 41). Figure che di proposito appaiono maldestre si muovono goffamente nello spazio, dando l'impressione di essere applicate su uno sfondo con il quale non hanno nessun rapporto. La totalizzante prospettiva di un fanciullo domina queste figure che si presentano di profilo oppure frontalmente; mancano toni intermedi e sfumature, che non si addicono alla robusta semplicità della scena. Soltanto nella raffigurazione del tetto della capanna di frasche, che evidenzia deboli reminiscenze cubistiche, Chagall dimostra che il tratto rude significa maniera e non incapacità. Chiuso nella fredda angustia dell'ufficio dell'economia di guerra, il pittore non è in grado di lasciarsi trasportare dalla leggera coreografia del pennello, come si riscontra invece nei quadri ispirati da Bella (fig. a destra). Il segno vigoroso della *Festa dei tabernacoli* rispecchia la vita emotiva di Chagall.

L'evento, che a suo dire fu il più importante della sua vita, non farà trattenere il fiato per molti anni soltanto a Chagall. Al centro della capitale egli assistette allo scoppio della rivoluzione contro il regime dello zar ed il suo sistema antiquato che non lasciava spazio alla speranza. Nel giro di quei dieci giorni che sconvolsero il mondo, Pietroburgo cadde nelle mani dei rivoluzionari. «Così parla Dio, il Signore: apro le vostre tombe e vi tiro fuori, mio popolo, per portarvi nel paese di Israele». Queste parole, desunte dalla visione di Ezechiele, sono riportate in caratteri ebraici sul frontespizio delle *Porte del cimitero* (fig. a pag. 45) che Chagall dipinse proprio in quel periodo. Un'atmosfera di rinnovamento aveva pervaso l'intero paese, cosicché la proiezione da parte di Chagall della profezia del Vecchio Testamento in un presente pieno di prospettive non appare affatto blasfema. I bolscevichi avevano terminato la guerra e gli ebrei si videro riconosciuti finalmente gli stessi diritti civili dei russi. Il primo periodo della rivoluzione fu, infatti, caratterizzato da un profondo ottimismo.

Anatolij Lunačarskij venne nominato da Lenin commissario del popolo per la Pubblica Istruzione. Chagall aveva conosciuto Lunačarskij a Parigi, dove l'emigrante si guadagnava la vita lavorando come giornalista per la stampa in lingua russa. Questa conoscenza fornì a Chagall la possibilità di ottenere nel settembre 1918 un posto ufficiale, con la nomina a commissario alle Belle Arti per

La tomba del padre, 1922
Foglio 19 della serie «La mia vita»
Acquaforte a puntasecca, 10,8 x 14,9 cm

«Vestito di una camicia alla russa e con
una cartella di cuoio sotto il braccio
destavo senz'altro l'impressione di
essere un funzionario russo».

MARC CHAGALL in «La mia vita»

Le porte del cimitero, 1917
Olio su tela, 87 x 68,6 cm
Collezione privata

la regione di Vitebsk. Agli albori della rivoluzione la cultura godeva
di alta considerazione, l'estetica e la politica si ispiravano vicende-
volmente nei loro sforzi per un futuro più umano. Arte e ragione di
stato che il comunismo, in cosciente antitesi con la concezione
borghese, aveva considerato sempre come condizionantisi a vi-
cenda, si prefiggevano inoltre di migliorare il mondo; ambedue
volevano essere, inoltre, progressistiche e avanguardiste. Il vecchio sogno dell'arte, alla quale era stata riconosciuta la piena autonomia, veniva ora tradotto in realtà.

Pieno di entusiamo Chagall iniziò la sua professione di critico
estetico, organizzando esposizioni, inaugurando musei e ria-
prendo le lezioni all'accademia dell'arte di Vitebsk. L'incallito indi-
vidualista, il risoluto sostenitore dell'insolito cominciò a giurare
sull'anonima forza dell'uguaglianza: «Credetemi, il nuovo popolo
dei lavoratori sarà pronto a raggiungere la vetta dell'arte e della
cultura». Chagall aderì incondizionatamente al comunismo.

Per l'anniversario della rivoluzione, Vitebsk doveva venir ad-
dobbata con una sgargiante decorazione secondo bozzetti di Chagall. Nonostante che in quadri come ad esempio *La guerra ai
palazzi* Chagall si fosse attenuto sostanzialmente all'ideologia pre-
scritta, la reazione dei compagni ortodossi fu unanime: «Perché la
mucca è verde e perché il cavallo vola nel cielo? » e «Questo che
cosa ha a che fare con Marx ed Engels?»: così Chagall riferisce
nella sua autobiografia la loro incomprensione. Il pittore aveva
appena cominciato ad identificarsi con la nuova causa che già
dovette subire l'ottusa richiesta di utilizzare la sua arte per scopi
politici. Nel quadro *Il pittore: alla luna*, datato da Chagall 1917, ma
eseguito senz'altro nel 1919 (fig. a pag. 47), l'artista reagisce a
questa ingiunzione con la risoluta affermazione dell'ispirazione artistica. La figura familiare del pittore in meditazione ed immerso nei
suoi sogni vola nello spazio, distaccato dal mondo ed in una sfera
di estasi immaginaria, per così dire, divina. La sua testa è cinta
d'una corona d'alloro; il vecchio simbolo di gloria del poeta dimostra in modo significativo la volontà del pittore di creare una realtà
propria.

Grazie al fatto che Vitebsk era stata più o meno risparmiata
dalle carestie che ben presto afflissero il paese, la locale accademia dell'arte, sotto la guida del suo direttore Chagall, poté presen-
tare ben presto un'imponente lista di maestri famosi. Il fiore dell'a-
vanguardia russa si trasferì a poco a poco in provincia; nomi illustri
come El Lisickij e Kasimir Malevič portarono nella città un'aura
bohémienne. Ma ben presto conflitti interni, riguardanti il primato
di differenti concezioni figurative, cominciarono a preoccupare
Chagall. Con il suo quadro *Quadrato nero su bianco* Malevič aveva
destato nel 1915 grande scalpore ed era diventato su scala mondiale uno dei principali esponenti della pittura. Lo spiritualizzato
equilibrio di spazi colorati astratti, che Malevič propagava come
«vera pittura», il suo postulato secondo cui l'arte doveva rinun-
ciare ad ogni punto di riferimento nella realtà esteriore, erano per
Chagall un pruno nell'occhio. Un suo viaggio a Mosca fornì ai suoi
avversari l'occasione per dimetterlo dall'incarico. A seguito di ciò

44

La vita campestre (La stalla;
Notte; Uomo con frusta), 1917
Olio su cartone, 21 x 21,5 cm
New York, Solomon R. Guggenheim
Museum

la libera accademia venne denominata «suprematista». É vero che
al suo ritorno Chagall riottenne carica ed onori, ciononostante in lui
cominciò a farsi strada una profonda diffidenza nei confronti della
rivoluzione e della sua concezione dell'arte. Nel maggio 1920
Chagall lasciò Vitebsk con la sua famiglia per stabilirsi a Mosca.

Ma anche Chagall non aveva potuto sottrarsi del tutto all'influsso di Malevič. In particolare il quadro *La vita campestre* (fig. in
alto), datato 1917, ma eseguito a Vitebsk nel 1919, egli si rifà
all'equilibrio meditativo di forme geometriche monocrome che Malevič aveva programmaticamente concepito. Chagall popola, però,
questa struttura astratta con le sue figure convenzionali, reinter-

preta le superfici colorate in spazi reali, dove l'uomo con la frusta e la donna con l'animale si oppongono in funzione archetipica. Chagall concretizza il tranquillo ordine della geometria, che anche per Malevič costituiva una metafora del mondo interiore, in un modello base, in una coesistenza minima di motivi per l'elaborazione di una scena di genere.

In condizioni di estrema povertà, la famiglia cercò di sopravvivere nella nuova capitale. Seguendo la sua predilizione per il teatro, Chagall accettò un ingaggio al «Teatro ebraico» di Mosca, dove eseguiva lavori di decorazione, per i quali egli ricevette, però, soltanto i viveri strettamente necessari. Per il ridotto e la sala Cha-

Il pittore: alla luna, 1917
Tempera ed acquerello su carta,
32 x 30 cm
Basilea, Collezione Marcus Diener

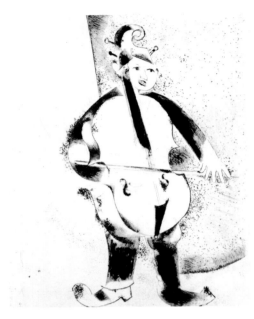

Il musicista, 1922
Foglio supplementare alla serie
«La mia vita»
Acquaforte a puntasecca, 27,5 x 21,6 cm

Il violinista verde, 1923/24
Olio su tela, 198 x 108,6 cm
New York, Solomon R. Guggenheim
Museum

gall realizzò dipinti murali monumentali, allegorie degli elementi principali dell'arte drammatica. *Il violinista verde* del 1923/24 (fig. a destra) è una replica del dipinto murale *La musica,* l'esatta riduzione dell'originale al teatro di Mosca. La familiare figura del violinista non ha perso per Chagall nulla della sua forza suggestiva, essa è di nuovo una formula di scongiuro in un periodo di profonda depressione.

Gli aiuti concessi dallo Stato agli artisti erano suddivisi a seconda dell'utilizzabilità delle rispettive opere per scopi politici. Nella gerarchia degli stipendiati Chagall si trovava piuttosto in basso, il che è comprensibile, se si considera che proprio Malevič, che non aveva un'alta opinione del suo collega, era responsabile della classificazione degli artisti. Nella sua autobiografia, il cui manoscritto stava per essere ultimato, Chagall scrisse allora: «Penso che la rivoluzione potrebbe essere una grande cosa qualora rispettasse ciò che è diverso». E nel nuovo status quo egli sentiva proprio la mancanza di questo rispetto per la sua inclinazione verso lo straordinario: la tendenza totalitaria all'uniformazione ignorava i suoi appelli alla forza della fantasia. Senza mezzi, senza successo e senza alcuna prospettiva, niente più tratteneva Chagall in quello Stato che ora si chiamava Unione Sovietica. Lunačarskij procurò alla famiglia i passaporti per l'espatrio.

Chagall si ricordò del gallerista berlinese Walden e del successo che per lunghi anni gli era stato negato. A Berlino egli voleva riallacciarsi al periodo del rinnovamento e con il ricavo della vendita dei suoi quadri assicurare finanziariamente la propria carriera. Allorché nell'estate del 1922 arrivò a Berlino, Chagall fece l'esperienza che in occidente il suo nome era alquanto conosciuto. Walden aveva venduto, infatti, i quadri che Chagall aveva lasciato a Berlino e depositato il ricavato su un conto. Ma nel frattempo in Germania infuriava l'inflazione ed il denaro si era svalorizzato. Ancora una volta Chagall fu sull'orlo della rovina, senza denaro e senza quadri. Egli promosse un'azione giudiziaria e come indennizzo ottenne alla fine alcuni quadri che vennero subito riacquistati. Chagall dovette ricominciare letteralmente dal nulla.

Francia ed America
1923 – 1948

In questa situazione di sovvertimento e di rinnovamento in atto da Mosca a Parigi, diventa comprensibile anche l'autobiografia di Chagall, il cui manoscritto era stato ultimato nel 1922 e nella quale Chagall, non ancora quarantenne, passa in rassegna il proprio passato, non di certo infruttuoso, tirando le somme della propria vita. Pervasa da una lieve ironia, essa trasforma il mondo autonomo dei suoi quadri in epigrammi, simili ad un diario della sua infanzia. L'arte di Chagall è scomparsa, inghiottita dai canali del mercato: i suoi ricordi, però, sono vivi.

Il libro doveva essere edito da Paul Cassirer di Berlino, come segno di vita anche per i suoi vecchi amici in Francia. In un primo momento uscì però soltanto un album con venti incisioni all'acquaforte, con le quali Chagall aveva illustrato il suo testo; la pubblicazione dell'autobiografia ebbe luogo soltanto nel 1931 a Parigi, dopo che Bella ne ebbe tradotto il testo russo in francese. Nel frattempo il grande mercante parigino, Ambroise Vollard, mentore dei cubisti ed amico paterno soprattutto di Picasso, gli commissiona l'illustrazione delle «Anime morte» di Nikolaj Gogol. Il primo settembre 1923 Chagall inizia a Parigi una nuova carriera artistica.

«La prima cosa che mi colpì fu un mastello, semplice, enorme, per metà concavo, per metà ovale. Un mastello da rigattiere. Una volta entrato, lo riempivo tutto». Con queste parole inizia la sua autobiografia. *Il mastello d'acqua* (fig. a pag. 52), che riprende le righe iniziali delle memorie, documenta l'attaccamento ai vecchi tempi che non lascierà mai Chagall. L'illustrazione del libro di Gogol può aver concorso a ravvivare le reminiscenze della Russia, ma ora che Chagall stava diventando sempre più noto questa tematica si rivelava anche un marchio: non tanto un richiamo al mondo dello «stedtl» quanto una citazione propria. In modo sincrono donna e maiale si chinano sopra il mastello. Lo stesso lungo dorso, le stesse teste raffigurate di profilo, lo stesso slancio verso l'acqua mostrano, come in un'intesa, donna ed animale uniti da un rapporto di parentela. Su questa scena, che costituisce un tutto organico e che nella sua assurdità appare come un dettaglio desunto dalle precedenti descrizioni di un mondo lontano, si stende il fine velo cromatico, il sottile colorito che si rivela indubbiamente come francese. Del quadro esistono due versioni che si differenziano l'una dall'altra per la combinazione dei colori.

La passeggiata, 1922
Foglio supplementare alla serie
«La mia vita»
Acquaforte a puntasecca, 25 x 19 cm

I tre acrobati, 1926
Olio su tela, 117 x 89 cm
Collezione privata

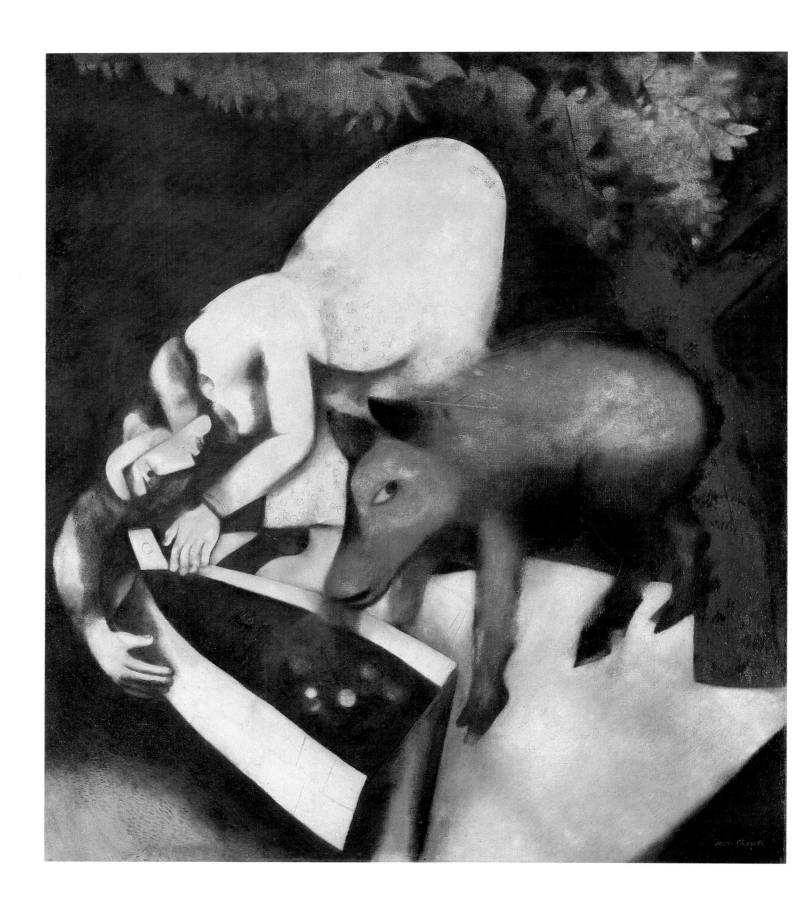

Il mastello d'acqua, 1925
Olio su tela, 99,5 x 88,5 cm
Filadelfia, Philadelphia Museum of Art

La vita campestre, 1925
Olio su tela, 101 x 80 cm
Buffalo (N.Y.), Albright-Knox Art Gallery

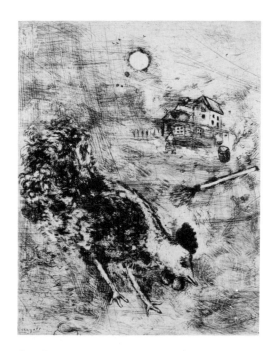

Il gallo e la perla, circa 1927-1930
Tav. 11 delle illustrazioni per le «Favole»
di La Fontaine (stampata nel 1952)
Acquaforte, 30,2 x 22,8 cm

Il gallo, 1929
Olio su tela, 81 x 65 cm
Lugano-Castagnola, Collezione
Thyssen-Bornemisza

La tipica sensibilità occidentale per il contenuto suggestivo del colorito si presenta come una falsariga di fronte alla incisiva tematica della patria. Negli anni seguenti Chagall perfezionerà questo artificio.

In questo primo periodo parigino Chagall amava fare due versioni dello stesso quadro, come se volesse assicurarne la esistenza contro la voracità del mercato. Egli cominciò ora a rifare anche molti dei lavori spariti, sulla base di riproduzioni o di ricordi. È possibile che Chagall si sia accinto a fare questi duplicati non tanto per compensare le perdite del periodo di guerra e per dimenticare le cattive esperienze nella sua arte, quanto anche per soddisfare la convinzione che nei quadri si fosse trasfusa una parte del proprio io. Ciò non è di certo un'autostilizzazione. Tale convinzione deriva piuttosto da una profonda fiducia nella forza del quadro, ragion per cui l'ebraismo aveva proibito proprio le raffigurazioni di soggetti religiosi. Iconoclastia e culto per le immagini sono i due lati opposti della medaglia. L'ebreo Chagall si mostra al riguardo profondamente radicato nelle tradizioni del suo popolo. La vecchia magia del quadro, da lui definita volentieri con l'espressione intraducibile «chimie», continua a vivere nel rifiuto di Chagall di considerare le sue opere come oggetti a disposizione della forza strategica del mercato. La sua capacità di adeguarsi al pubblico, che egli possedeva senza dubbio in modo molto più spiccato della maggior parte dei suoi colleghi, veniva meno di fronte alla comprensibile autorevolezza del quadro finito.

Il motivo del quadro *Io ed il villaggio* (fig. a pag. 21), uno dei quadri di cui Chagall attese a una seconda versione, si rifà al quadro *La vita campestre* (fig. a pag. 53) del 1925. In uno spazio figurativo visionario si ritrovano quei rappresentanti del pacifico ambiente agreste che, come personificazioni della semplicità, acquistano un'importanza archetipica: uomo ed animale, tranquillità ed idillio costituiscono i lapidari requisiti del genere. Ma al posto di uno schema ordinativo geometrico, che nel quadro precedente garantiva la contrapposizione dei motivi, ora soltanto la libera associazione determina la composizione degli elementi figurativi. L'uomo che dà da mangiare al cavallo, l'animale il cui profilo costituisce la piattaforma della casa ora si assommano invece di contrapporsi. Non tanto la vita rustica in Russia, che Chagall dopo le esperienze fatte durante la rivoluzione era meno disposto che nel passato a trasfigurare nel quadro, quanto una sua concezione propria ha ispirato la raffigurazione. Il contenuto atmosferico del colore ed uno schema meno rigido commentano al riguardo il proprio primo periodo nel senso delle attuali tendenze artistiche. Il surrealismo ha sostituito il cubismo. Chagall cerca di adeguarvisi, liberando gli schemi che si era imposto e abbandonandosi spensieratamente al disordine che caratterizza i sogni.

«Con Chagall, e soltanto con lui la metafora ha fatto il suo ingresso trionfale nella pittura». Ancora nel 1945 André Breton cantò le lodi delle qualità poetiche di Chagall. Ma nonostante questo elogio da parte del loro capo teorico, il rapporto di Chagall con i surrealisti rimase ambivalente. Molto tempo prima di loro, stimo-

lato dalla forza progenia dell'arte popolare della sua patria, egli aveva scoperto l'importanza del sogno, della visione, dell'irrazionale per la sua opera. I surrealisti, la cui concezione antirazionale dell'arte attingeva da fonti analoghe, cercarono più volte di guadagnarlo alla propria corrente. Ma per Chagall i loro omaggi alla forza dell'incoscio erano più un atteggiamento estetico che una voluta esibizione dell'illogico, per cui egli non poteva identificarsi con loro. Il suo credo artistico proveniva realmente dal cuore: «Tutto il nostro mondo interiore è realtà, esso è forse più reale del mondo visibile. Se si definisce fantasia o favola tutto ciò che appare illogico, si dimostra soltanto di non aver capito la natura». Per Chagall non era una contraddizione credere ai propri sogni e nel contempo accettare la realtà.

La famiglia andò ad alloggiare in un appartamento sito nell'Avenue d'Orléans, dove aveva già soggiornato Lenin. Le stanze, piene di magia per l'arredamento orientale, costituivano un'enclave esotica nella fredda atmosfera della metropoli. Tappeti e grandi cuscini dominavano l'ambiente che rassomigliava all'immagine che Chagall offriva al suo pubblico. L'aura dell'esotico, del misterioso che si presentava nel suo mondo di motivi si propagò sempre di più alla persona dell'artista, diventando un mezzo di quell'autoesibizionismo che accompagnerà sempre di più la sua carriera. Parigi aveva ammirato la prima retrospettiva di Chagall nel 1924; nel 1926 ebbe luogo la sua prima mostra a New York. Al più tardi dalla metà degli anni '20 le visioni del giovane proveniente dalla provincia russa riscontravano già l'interesse generale. Non solo nello stile di vita, ma anche nella sua opera dominano ora sottili momenti di adattamento alle aspettative di un pubblico più vasto.

Con un ultimo salto atletico, la figura centrale dei *Tre acrobati* avanza in direzione dell'uscita di scena per ricevere l'applauso ed i fiori. Già da sempre Chagall aveva ammirato il mondo fantastico del circo, rimanendo incantato dalla sua delicata armonia di danza, teatro, musica e linguaggio. Il quadro, del 1926 (fig. a pag. 50), è il primo esempio della trasposizione della tematica del circo in un quadro. Il fatto che Chagall si sia cimentato relativamente tardi con un motivo, che da sempre riscuoteva la sua simpatia, può venir giustificato proprio con la pressione di adattamento a cui egli era sottoposto. Soltanto ora egli sembra disposto ad usare il suo linguaggio figurativo visionario per un tema, per un campo di esperienze, la cui caratteristica è comunque l'elemento visionario. Magia del motivo e magia della raffigurazione visiva si intralciano ora reciprocamente e minacciano di neutralizzarsi. Diversamente da Picasso, che senza pietà ha posto i suoi giocolieri ed arlecchini di fronte alla realtà, nei suoi quadri con gli acrobati Chagall combatte con la tautologia.

Non soltanto la tematica, bensì anche la chiarezza, la freddezza quasi classica della raffigurazione portano a pensare all'artista spagnolo. L'incorniciatura della figura centrale da parte delle due più piccole ai lati, la ripresa di questa composizione triangolare da parte della tenda a forma di baldacchino, la robusta corporalità

A MARC CHAGALL

«Asino o mucca gallo o cavallo
Fino alla cassa d'un violino
Uomo che canta lui stesso un uccello
Che danza la sua donna per mano

Coppia immersa nella sua primavera

Oro dell'erba piombo del cielo
Separati da fiamme blu
Dal fresco della rugiada
Il sangue cangiante il cuore che batte

Una coppia il primo riflesso

E in una nube di neve
Disegna la carica vite
Un viso con labbra di luce di luna
Che mai dorme la notte»   PAUL ELUARD

Gli innamorati in mezzo al lillà, 1930
Olio su tela, 128 x 87 cm
New York, collezione Richard S. Zeisler

I tre acrobati, 1926
Acquaforte ed acquatinta,
34,2 x 37,3 cm

delle figure con una posa che appare statuaria si strutturano in un'armonia quasi accademica, nella quale si afferma un canone di bellezza secolare. Il punto chiave della raffigurazione consiste ora nella possibilità di controllo del virtuosismo artistico nella tradizione figurativa; il caos dei visi attesi all'espressività viene represso in favore della norma atemporale di una semplicità classica. Il quadro evidenzia il fluido atmosferico tipico di Chagall, ma nel contempo presenta una tendenza estetica compiaciuta, tipica del vecchio maestro.

«Picasso rappresenta il trionfo dell'intelligenza, mentre Chagall la gloria del cuore». Franz Meyer, biografo di Chagall, commenta con questa battuta le caratteristiche dei due artisti i cui rapporti erano diventati ora più cordiali. L'eleganza sognante della coppia d'innamorati nel dipinto *Il gallo* (fig. a pag. 55), nel quale la monumentale figura dell'animale ha sostituito l'innamorato, è proiettata infatti in quela regione intermedia che si rivela soltanto come stato d'animo, come disposizione di spirito. Due altre coppie – spostate sullo sfondo e rapite nella loro effusione – dividono con i due la spensierata felicità.

La lirica d'amore descritta da Chagall, la tenera gaiezza corrispondente al suo stato d'animo trova il suo apice nel quadro *Gli innamorati in mezzo al lillà* del 1930 (fig. a pag. 56). La coppia, adagiata idillicamente su un enorme mazzo di fiori, si abbandona all'eternità del rapporto. Chagall ha sovrapposto in questo quadro due dei suoi motivi figurativi centrali seguendo un linguaggio figurativo secolare. L'ispirazione gli è stata fornita da un'icona raffigurante la Madonna Platytera e dall'immagine della Madonna in attesa del figlio, sul cui seno viene dipinto il figlio per mettere in risalto l'evento. Già nella raffigurazione della giumenta in attesa di un puledro (*Il mercante di bestiame*, fig. a pag. 31), Chagall si era attenuto a questo schema. Ma ora egli lo ha reso astratto, usandolo come modello per la spiegazione dei contenuti simbolici che accompagnano spesso i suoi motivi. Senza dubbio questo metodo semplifica la decifrazione dei contenuti figurativi, concorrendo a renderli popolari. Ma questo desiderio di chiarezza contribuisce ad infondere ai quadri anche un carattere romantico, che appare tuttavia tardivo.

La prima decade trascorsa a Parigi è stata, come Chagall stesso ammette, «il periodo più felice della mia vita». Un contratto con il mercante Bernheim lo aveva liberato da tutte le preoccupazioni finanziarie; la famiglia poteva ora alloggiare in un villa e trascorrere anche le ferie estive nella Francia del sud. Di pari passo con il più dispendioso tenore di vita, con la felicità privata, si sviluppa nell'opera di Chagall una maggiore tendenza verso il prezioso. La serena naturalezza dei quadri è un riflesso della mancanza di preoccupazioni esistenziali. Un'atmosfera magica sostituisce quella vivacità del mondo di motivi che necessita come correttivo di una realtà ricca di eventi.

Ma ben presto lo stato d'animo si incupisce. *Solitudine* è il titolo del quadro del 1933 (fig. a pag. 60), dove una profonda malinconia subentra alla lieta danza degli innamorati. Assorto in profondi

L'acrobata, 1930
Olio su tela, 65 x 32 cm
Parigi, Musée National d'Art Moderne,
Centre Georges Pompidou

pensieri ed avvolto nel suo mantello da preghiera, l'ebreo barbuto, senza età, siede sull'erba. Il rotolo della Torah nella sua mano sinistra è chiuso, la tradizione religiosa dei suoi padri non sembra fornirgli alcun aiuto per superare la sua tristezza. Accanto a lui giace una mucca dagli occhi mesti, conformemente alle parole del profeta Osea: «Sì, Israele è così testardo come una mucca testarda». Insieme i due simboleggiano il popolo di Chagall, il popolo nella diaspora, così come esso traspare dall'ambiente russo. Il pittoresco vecchio si è trasformato in Ahasver, l'ebreo errante che peregrina per il mondo, senza meta, ignorando il suo futuro. All'orizzonte, sullo sfondo della vastità del paese, altrimenti visto con tanta tenerezza, si alzano nubi temporalesche, che con il loro funesto color nero incalzano l'angelo in cielo. Nel 1931 Chagall si era recato in Palestina, la terra promessa, ma il risultato figurativo di questo viaggio evoca tutt'altro che ottimismo. Sensibile agli eventi del mondo, egli fissa accenti di turbamento. Nell'anno in cui in Germania i nazionalsocialisti arrivano al potere con la loro barbarica ideologia, la realtà fa sparire con forza spietata ogni allegria dal mondo figurativo di Chagall.

Già il quadro *Solitudine* aveva richiamato, con i tipici motivi di Chagall, l'attenzione sui pericoli che incombevano su di lui, sul

Solitudine, 1933
Olio su tela, 102 x 169 cm
Tel Aviv, Tel Aviv Museum

La rivoluzione, 1937
Olio su tela, 50 x 100 cm
In possesso degli eredi dell'artista

suo popolo e su tutta l'Europa. Non la narratività, bensì l'atmosfera del quadro aveva espresso la nuova deprimente visione del mondo, che si rifaceva ai quadri d'ambiente degli anni '20. Un viaggio in Polonia, nella primavera del 1935, convinse definitivamente Chagall della supremazia di una realtà politica che il suo mondo figurativo non poteva più ignorare. Profondamente sconvolto, egli vide il ghetto di Varsavia e fu testimone del trattamento oltraggioso riservato al suo amico Dubnov, pubblicamente apostrofato come «sporco ebreo». Il mondo del giudaismo non era più l'idillico, familiare rifugio, dove regnava un'autarchia atemporale; esso veniva pervertito in un luogo di tragici pogrom, in un oggetto di fanatismo razzistico. Sotto l'influsso di una siffatta minaccia esistenziale, i quadri di Chagall riacquistarono la loro autentica forza.

Una risoluta protesta contro la violazione di ogni senso di moralità da parte dei fascisti veniva espressa nella raffigurazione storica del XX secolo. L'opera *Guernica* di Picasso (Madrid, Museo del Prado) metteva in risalto la veemenza della protesta del mondo della cultura contro il cinismo politico. Nel 1937 questo quadro costituì la triste attrazione all'esposizione mondiale a Parigi. Nello stesso anno Chagall espresse la sua protesta formale, contrapponendo la sua elegia all'accusa indiretta dell'artista spagnolo: il quadro *La rivoluzione* (fig. in alto) non reagisce ad un evento concreto, bensì cerca di esprimere con proprie parole di turbamento l'inevitabile disagio nei confronti della politica. Due possibilità di comprendere e modellare il mondo antiteticamente si contrappongono. Sul lato sinistro i rivoluzionari assaltano le barricate e le loro bandiere rosse annunciano con orgoglio la vittoria del comunismo. Il lato destro contrappone a questa unità, che sta per la richiesta politica di uguaglianza, la libera espressione delle fantasie umane.

«Venni in Palestina per riesaminare determinate idee, senza macchina fotografica, perfino senza pennello. Nessuna prova, nessuna impressione da turista, ciononostante sono lieto di esserci stato. Ebrei barbuti, con vesti gialle, blu e rosse e berretti di pelliccia, giungono da lontano per vedere il muro del pianto. In nessun altro luogo si vede tanta disperazione e tanta gioia; in nessun altro luogo si prova tanto turbamento e nel contempo tanta felicità alla vista di questo millenario mucchio di pietre e polvere a Gerusalemme, a Sefad, sulle montagne, dove sono seppelliti profeti su profeti».
MARC CHAGALL

La crocifissione, 1951/52
Litografia, 42,3 x 33,5 cm

«L'essenziale è l'arte, la pittura, una pittura del tutto diversa da quella che fanno tutti. Ma quale? Mi darà Dio, o qualcun altro, la forza di poter infondere ai quadri il mio respiro, il respiro della preghiera e del dolore, della preghiera di redenzione e di rinascita?» MARC CHAGALL in «La mia vita»

La crocifissione in bianco, 1938
Olio su tela, 155 x 140 cm
Chicago, Art Institute of Chicago

Musicanti, clowns ed animali sono presenti qua e là, l'obbligatoria coppia d'innamorati è distesa sul tetto di una capanna; in una maniera tipicamente chagalliana la forza di gravità cessa di esistere di fronte alla manifesta aspirazione al libero sviluppo delle capacità creative. La figura di Lenin funge da cerniera tra le due sfere; bilanciandosi acrobaticamente su una mano, egli indica ai rivoluzionari il giusto cammino verso il mondo della libertà individuale. «Io penso che la rivoluzione potrebbe essere una grande cosa, qualora rispettasse ciò che è diverso»: così Chagall aveva riassunto le sue esperienze in Russia, in armonia con il suo modo di interpretare le cose come artista. La forza creativa del singolo rappresenta il motore nella lotta per la libertà politica. Ma il vecchio ebreo del quadro *Solitudine* continua a riflettere sul suo futuro e su quello del suo popolo.

La veemente programmaticità del quadro, la sua molteplicità di significati, cancella ogni contenuto suggestivo. Esso ricorda lo zelo dell'opera giovanile, presentando la stessa ambizione di ricerca di un'attendibilità generale al di sopra dell'individuo e risultando altrettanto deludente per la soluzione formale offerta. La contrapposizione archetipica di segni simbolici universali non soddisfa la complessità dell'accaduto che richiede una riflessione. Chagall stesso non fu mai soddisfatto di questa risposta all'opera monumentale di Picasso. Nel 1943 egli suddividerà la versione in grande formato del dipinto *La rivoluzione* in tre parti, mischiando nella forma figurale del trittico simbolismi politici e religiosi. La versione più piccola, qui riportata, è sopravvissuta come prova di una partecipazione diretta agli eventi nel mondo, al di là di ogni volontà di creare un'arte atemporale.

Il secondo quadro programmatico di questo periodo, *La crocifissione in bianco* del 1938 (fig. a destra), offre una soluzione più congeniale. «Se un pittore è ebreo e dipinge la vita, come potrebbe rifiutarsi di accogliere elementi ebraici nella sua opera? Ma se è un buon pittore, il quadro si arricchisce. L'elemento ebraico è, ovviamente, presente, ma la sua arte vuole raggiungere una risonanza universale»: così Chagall descrisse nel 1933 i suoi obiettivi. Nella figura del Cristo crocifisso, nella passione del profeta degli ebrei, del Dio della cristianità morto come uomo, Chagall trova ora il simbolo generalmente valido per la miseria del suo tempo. Come arma Christi, gli strumenti dea Passione delle raffigurazioni tradizionali della crocifissione, scene di disordine si dispongono attorno al monumentale crocifisso. Orde rivoluzionarie con bandiere rosse attraversano un paese, saccheggiando e appiccando il fuoco. Profughi chiedono aiuto gesticolando da un battello. Un uomo con l'uniforme nazista profana la sinagoga. Figure emaciate cercano in primo piano di salvarsi come fuggendo dal quadro. Ahasver, l'ebreo errante, passa silenzioso, scavalcando un rotolo di Torah in fiamme. Piangendo, i testimoni dell'Antica Alleanza fluttuano davanti alla fredda oscurità dello sfondo. Ma ecco che un chiaro raggio di luce penetra dall'alto, illuminando la bianca, intatta figura del Crocifisso. Le tracce della sua sofferenza sono sparite, la venerazione della sua secolare autorità diventa una fonte di

speranza fra tutte le traumatiche esperienze del presente. La fede in Lui – questo è il messaggio di Chagall – smuove le montagne della disperazione.

Dal quadro è sparita ogni ironia: l'angoscia esistenziale ha formulato un patetico appello alla forza della religione, che nell'opera di Chagall è unica nel suo genere. Qui, e forse soltanto qui, il riallacciarsi di Chagall alla tradizione perde il carattere di voluta genialità. Proprio nell'integrazione di scene attuali il quadro acquista l'atemporale profondità dell'icona. «Non si devono dipingere quadri con simboli. Se un'opera d'arte è del tutto autentica, contiene automaticamente elementi simbolici», affermò una volta Chagall. La sua risposta alla raffigurazione storica di Picasso, *Guernica*, che parla di sofferenza, è il quadro devoto la *Crocifissione in bianco*, che si immedesima nel dolore.

Questa sensibilità, che già prima dello scoppio della guerra aveva percepito in modo particolarmente intenso gli orrori del futuro, aumentò dopo la dichiarazione di guerra fino a raggiungere forme di panico. Il rifugio interiore, la fuga nella limitatezza personale dell'arte per sfuggire ad uno sfruttamento da parte della politica – così come aveva fatto ad esempio Picasso a Parigi – avrebbe significato per l'ebreo Chagall soltanto un'attesa, nell'inattività, del trasporto nei campi di sterminio. Per tale motivo, nella primavera del 1940, la famiglia si trasferisce a Cordes in Provenza, dove la distanza dalla Germania nazista garantiva una certa sicurezza. Qui Chagall termina nel 1940 il dipinto *Le tre candele* che aveva richiesto due anni di lavoro (fig. a sinistra). Isolato da qualsiasi vita culturale ed in preda al continuo timore di venir internato, egli ripassa con la memoria, in modo quasi maniaco, il repertorio dei suoi motivi: il giocoliere, la coppia d'innamorati, il villaggio documentano con la loro effimera presenza l'esistenza dell'artista di fronte al pericolo. I colori malinconici predominano; il timore che traspare dai timidi gesti delle figure si irrigidisce in un simbolo della caducità che ricorda una natura morta, culminando attraverso il simbolo escatologico delle candele in un opprimente ‹memento mori›.

La Francia, il cui governo si allea con i nazionalsocialisti, non offre più alcuna sicurezza a Chagall. Durante una razzia a Marsiglia egli viene arrestato; ma la sua consegna ai tedeschi viene evitata grazie ad un intervento degli Stati Uniti. In una situazione nella quale la maggior parte del suo popolo inizia il silenzioso e doloroso cammino verso lo sterminio il famoso pittore può contare sull'aiuto pubblico. Il 7 maggio Chagall s'imbarca per l'America con la sua famiglia. Il mito di Ahasver, della continua peregrinazione del popolo ebraico, trattato così spesso da Chagall nei suoi quadri, non è più un motivo letterario.

Il 23 giugno 1941, giorno dell'invasione dell'Unione Sovietica da parte della Germania, Chagall arriva a New York. Dopo Parigi e Berlino egli vive ora nella terza metropoli, nella quale un variopinto miscuglio di popoli cerca in modo esemplare una propria libertà espressiva. In conformità alle esperienze fatte, Chagall si sentì sempre attratto dal quel crogiolo di razze, nel quale la molte-

Le tre candele, 1938-1940
Olio su tela, 127,5 x 96,5 cm
Collezione privata

«Qualora ci sia mai stata una crisi morale, questa è stata una crisi del colore, della materia, del sangue e dei loro elementi, delle parole e dei toni, di tutte quelle cose con le quali si crea un'opera d'arte nonché una vita. Infatti anche ricoprendo una tela di pesanti tratti di colore, indipendentemente dal fatto se così facendo siano riconoscibili o meno i contorni, e perfino qualora ci si serva della parola e dei toni, non ne deriva necessariamente un'autentica opera d'arte».   MARC CHAGALL

FIG. A PAG. 66/67:
La contestazione, 1943
Olio su tela, 77 x 108 cm
In possesso degli eredi dell'artista

plicità e l'esotismo costituivano un elisir di lunga vita. Un po' fuori città, e precisamente in Preston (Connecticut), la famiglia va ad alloggiare in una villa, in attesa di trasferirsi in un piccolo appartamento a New York.

In questa situazione di distaccata partecipazione agli eventi bellici, Chagall muta negli anni seguenti il tono di fondo profondamente malinconico degli ultimi lavori in Francia. I temi della guerra e della crocifissione predominano, ma l'intensità del sentimento di compassione si attenua. Le notizie giornaliere sulle atrocità della guerra sembrano aver smorzato la patetica disposizione alla solidarietà. In ogni caso il quadro *La contestazione* del 1943 (fig. a pag. 66/67) documenta l'impossibilità di trovare per anni sempre nuove espressioni del turbamento. La fiamma che esce dalla capanna, l'ebreo con in mano il candelabro a tre bracci, il motivo di fuga del carro oppure il senso di pericolo espresso dai colori fiammeggianti sono di nuovo banalizzati in citazioni proprie. Soltanto il Crocifisso caduto a terra, che sta a dimostrare la speranza perduta, ricorda le mostruosità degli ultimi anni. Ma questo mezzo stilistico appare un po' troppo aneddotico: anche l'accoppiamento del motivo della Passione e della tematica della guerra appare troppo sfruttato per poter aggiungere figurativamente nuove dimensioni di partecipazione all'efficace condanna della *Crocifissione in bianco*.

In ciò si intravede forse un problema di fondo del linguaggio figurativo di Chagall, una tendenza verso l'autonomizzazione dei motivi figurativi, che minaccia di togliere loro la propria forza espressiva. Gli elementi universalmente noti dei suoi lavori, cioè le coppie d'innamorati, le capanne, gli animali e più tardi anche i motivi religiosi, determinano, con combinazioni sempre nuove, il rispettivo carattere di un quadro. Al pari di parole, essi si compongono in sempre nuovi periodi, perdendo tuttavia, attraverso questa molteplice ripetizione, il loro carattere specifico. Il loro contenuto simbolico, la loro caratteristica di sostituti di una realtà, vengono livellati, mentre passa in primo piano il loro carattere di citazione, di prestito per la propria opera. Quali estratti di un mondo che permane misterioso, essi si rifanno ben presto soltanto al proprio esotismo e la realtà, di cui essi dovrebbero fare le veci, diventa uno schema. Alla fine il quadro partecipa soltanto stati d'animo che dipendono molto di più dal colore che non dal contenuto. I motivi servono soltanto al riconoscimento di un lavoro, alla sua etichettatura come «tipico Chagall». In questo modo l'aura dello sconosciuto, con cui Chagall aveva fatto la sua apparizione sullo scenario artistico, scompare. Il concomitante appello alla tolleranza ed alla comprensione, che Chagall ha formulato in un modo che non trova l'equivalente, corre il pericolo di sparire nella eccessiva presenza di questa tipicità di carattere. Soltanto la vitale capacità di Chagall di cambiare stile riesce a scongiurare in parte questo pericolo. In ciò egli si dimostra uno scolaro diligente dell'arte astratta: la pennellata e la combinazione dei colori, e non i motivi, determinano primariamente il contenuto specifico, l'individualità dei quadri di Chagall.

Il canto del gallo, 1944
Olio su tela, 92,5 x 74,5 cm
Collezione Katherine Smith Miller e
Lance Smith Miller

«Se in un quadro ho tagliato la testa ad una mucca, rimettendogliela a rovescio oppure qualche volta ho dipinto l'intero quadro a rovescio, non l'ho fatto con l'intenzione di creare un'opera letteraria. Io voglio rendere nel mio quadro uno shock psichico, sempre motivato da ragioni figurative, in altre parole: una quarta dimensione. Ad esempio: una strada. Matisse la crea secondo lo spirito di Cézanne, Picasso secondo quello dei negri o degli egiziani. Io procedo diversamente. Io ho la mia strada, sulla quale metto un cadavere che psichicamente scompiglia la strada. Io metto un musicista su un tetto, la cui presenza si riflette su quella del cadavere. Quindi un uomo che spazza la strada. La figura dello spazzino si riflette su quella del musicista. Un mazzo di fiori che cade giù e così via. In questo modo io faccio entrare il motivo psichico – la quarta dimensione – in quello figurativo ed i due si fondono».

MARC CHAGALL

Il matrimonio, 1944
Olio su tela, 99 x 74 cm
Collezione Ida Chagall

Al riguardo ne sono una prova i dipinti *L'occhio verde* (fig. a pag. 72) oppure *La Madonna con la slitta* (fig. a pag. 75) nonché *Il canto del gallo* (fig. a pag. 69). La figura del gallo, che si staglia sul rosso dello sfondo soltanto grazie alla sua silhouette ed alla testa colorata, si integra in altri due tipici motivi di Chagall: la leziosa posizione delle zampe ricorda l'agilità degli acrobati, le penne della coda nascondono un violinista. Comicamente questo gallo depone le uova, riunendo in tal modo in sé gli stessi caratteri maschili e femminili riscontrabili nella mucca sullo sfondo scuro, la cui testa si scompone in due parti raffiguranti i volti di una coppia d'innamorati. La falce di luna, l'albero capovolto e la capanna completano questa scelta di motivi. L'aurora, in cui il gallo canta, scaccia lentamente l'oscurità della notte, la sfera della coppia. Forse questo quadro racchiude la dimostrazione di un nuovo barlume di speranza che Chagall riusciva ad intravedere nell'imminente sconfitta del nazionalsocialismo.

«Davanti a me c'è il buio». Questa è la disperata frase finale scritta da Chagall nel libro di Bella «Il primo incontro», pubblicato nel 1947, tre anni dopo la morte di lei avvenuta in circostanze misteriose per una malattia infettiva. Tutti gli indizi che promettevano una vita migliore erano di colpo spariti, la tanto decantata musa di Chagall aveva lasciato con il suo libro un testamento, un ultimo stimolo per i lavori del marito. Ed il quadro *Il matrimonio* (fig. a destra), dipinto nel 1944, poco tempo dopo la morte di Bella, si rifà effettivamente ad un episodio di «Il primo incontro», e cioè al matrimonio di suo fratello Aaron. Ma il tono allegro con cui Bella diffonde un'atmosfera di spensieratezza e di civettuola ironia simile a quella riscontrabile nell'autobiografia di Marc, ha ceduto il posto ad una mesta tristezza. Quasi apaticamente gli sposi si appoggiano l'uno all'altro, i musicanti, dalle figure d'angelo, potrebbero suonare tanto per una danza macabra che per una danza nuziale. I quadri di questo periodo si rifanno alla morte di Bella: ai tragici eventi mondiali si è aggiunta l'infelicità privata.

Dopo la liberazione dell'Europa, Chagall ritorna nel 1946 per la prima volta nel vecchio mondo, dove aveva avuto inizio la sua carriera. Le impressioni tratte dal viaggio a Parigi possono spiegare anche la contenuta allegria che traspare dal quadro *La mucca con l'ombrello*, in cui l'ombrello promette refrigerio contro i cocenti ràggi del sole. Ma ad aver bisogno dell'ombrello è proprio una mucca: servendosi della classica formula stilistica della sostituzione Chagall ha rimpiazzato l'uomo con l'animale. Questo artificio, che costituisce una caratteristica dell'opera di Chagall e che concorre in modo sostanziale a creare lo charme dell'aneddotico improntato all'ironia, viene qui usato in modo esemplare. Come nel passato, però, un colore scuro domina il quadro, trasformandone il carattere umoristico in un'evocazione un po' forzata della serenità.

Il quadro *La caduta dell'angelo* (fig. a pag. 74) è un commiato a 25 anni di attività artistica, un estratto dell'attiva partecipazione di Chagall agli eventi nel mondo, la conclusione di una cronaca di crescente barbarie. Per ben 25 anni Chagall si è tormentato per

L'occhio verde, 1944
Olio su tela, 58 x 51 cm
Collezione Ida Chagall

ultimarlo. Nel 1922, anno in cui egli iniziò il lavoro ancora sotto l'effetto della rivoluzione, il quadro doveva rappresentare – con le sole figure dell'ebreo e dell'angelo – la giustificazione del Vecchio Testamento per la cattiveria nel mondo. Ma fino alla sua ultimazione nel 1947 Chagall vi aggiunse sempre più motivi, che ricordavano il piccolo mondo della Russia nonché i motivi cristiani della Madonna e del Crocifisso. Visione ebraica, storia personale e il motivo cristiano della redenzione si concentrano in una confessione programmatica che è sintomatica per l'intera opera di Chagall. I suoi motivi sono soltanto associati gli uni agli altri, tuttavia nella loro globalità, nella molteplicità dei caratteri che li uniscono, essi stanno a rappresentare i continui sforzi di Chagall di trovare una genuina formula visiva universale. Per lo meno la sua storia, il suo peregrinare per mezzo mondo ed il tempo di una generazione necessario per poter essere ultimato, rendono questo dipinto paradigmatico per l'arte del XX secolo, appunto per la mancanza di un luogo di riferimento e per il pericolo a cui è esposta l'opera autonoma. Ma già la sola fase di sviluppo conferisce al quadro

La mucca con l'ombrello, 1946
Olio su tela, 77,5 x 106 cm
New York, collezione Richard S. Zeisler

«Quando Chagall dipinge, non si sa se dorma oppure se sia sveglio. Da qualche parte nella sua testa deve avere un angelo».
PABLO PICASSO

La caduta dell'angelo, 1923-1947
Olio su tela, 148 x 189 cm
Basilea, Kunstmuseum

quell'autorità che Chagall aveva sempre avuto in animo di impri-
mergli in conformità al profondo rispetto ebraico per la raffigurazione. L'odissea di Chagall, conclusasi felicemente con il suo ritorno definitivo in Francia nell'estate del 1948, è stata fin dall'inizio,
e cioè dall'esposizione organizzata da Walden a Berlino, anche
l'odissea dei suoi quadri.

A DESTRA:
La Madonna con la slitta, 1947
Olio su tela, 97 x 80 cm
Amsterdam, Stedelijk Museum

L'opera tarda
1948 – 1985

Anche dopo il suo ritorno in Francia, l'opera di Chagall resta una metafora poetica della sua movimentata biografia, un volo acrobatico tra sogno e realtà, un'avventura della fantasia che rende l'invisibile visibile e pertanto reale. Ma la sua opera tarda sembra allontanarsi gradualmente dai due poli di partenza della sua vita di pittore: la tradizione giudaico-ortodossa ed il folclore russo. L'inserimento di temi figurativi nel mondo culturale di un piccolo villaggio russo viene sostituito da motivi della mitologia greca, della fede cristiana o da percezioni dirette nella vita quotidiana. La scelta dei temi evidenza, quindi, un cauto cambiamento ed inoltre il contenuto dei simboli ripetutamente usati si è affinato con il tempo. Anche i punti in comune con l'arte avanguardista passano, dopo il 1947, pressoché in secondo piano, il linguaggio figurativo sembra essere influenzato più da preferenze personali, maturatesi nel corso degli anni, che dalla volontà di mantenere i legami con le più recenti tendenze formali nel mondo dell'arte.

Ma Chagall non si distanzia soltanto dalla scena artistica, egli si ritira anche sempre più a vita privata. La vita irrequieta di un tempo appartiene più o meno al passato. Nel 1950 egli va ad abitare a Saint-Jean-Cap-Ferrat, dove due anni dopo passa a seconde nozze con la russa Valentina Brodskij, da lui chiamata affettuosamente Vava. Felicità domestica, quindi, di cui Chagall sente la nostalgia proprio in un momento in cui la sua arte e pertanto anche lui stesso si vengono a trovare al centro dell'interesse pubblico.

Ma nonostante la crescente fama, anche negli ultimi anni di attività i suoi quadri esprimono quella lontananza dalla realtà e quell'intimità loro congeniali fin dall'inizio. Ancora nel 1983 egli dipinge il quadro *Coppia d'innamorati su sfondo rosso* (fig. a sinistra). Cautamente l'uomo cinge con il braccio il busto della donna, col proposito di vincere con dolcezza la sua resistenza. Accarezzandola egli china la testa verso di lei e cerca il suo sguardo, mentre la donna, ancora titubante, distoglie lo sguardo da lui, indirizzandolo verso l'osservatore del quadro, come se questi disturbasse il tenero convegno.

Al rosso che infiamma quasi la coppia d'innamorati fa riscontro un blu freddo, entro cui, sul lato destro del quadro, appare il pittore stesso che tiene la tavolozza nella mano sinistra. Il vaso

La coppia a mezza luna, 1951/52
Litografia, 41,5 x 34,3 cm

Coppia d'innamorati su sfondo rosso, 1983
Olio su tela, 81 x 65,5 cm
In possesso degli eredi dell'artista

Le Quai de Bercy, 1953
Olio su tela, 65 x 95 cm
Basilea, collezione Ida Chagall

«Se nel mio quadro si scopre un simbolo, non era mia intenzione di rappresentarlo. Esso è un risultato che io non ho cercato. È un qualcosa che si scopre in un secondo tempo e che si può interpretare come si vuole». MARC CHAGALL

pieno di fiori sembra sfuggire dalle braccia aperte, proprio come è accaduto in fondo a sinistra con il libro dell'innamorata. La superficie blu ovale ripete nella sua totalità la forma della tavolozza, in cui il mazzo di fiori ed il corpo dell'uccello non sono nient'altro che una macchia di colore astratta. I motivi di un quadro dipinto esattamente trent'anni prima, facente parte di una serie di quadri creati a Parigi, sono sbalorditivamente simili (fig. in alto). Di nuovo una coppia d'innamorati è al centro della composizione, di nuovo appare un uccello e l'albero sulla sinistra rassomiglia con i suoi colori ad un mazzo di fiori. Ma Chagall non usa ripetutamente per anni soltanto determinati motivi. Tra il quadro del 1983 e quello del 1953 esiste anche un altro parallelo. Se nel dipinto del 1983, infatti, la forma apparentemente astratta della superficie blu era un ingrandimento della tavolozza dell'artista, il cuore iperdimensionale abbozzato nel dipinto precedente ricorda tale ingrandimento. La sua punta tocca quasi il lato inferiore del quadro e si trova esattamente nel mezzo del dipinto. Da detta punta parte una linea diagonale verso sinistra, che, dopo aver delineato la sponda del fiume nonché un lato della forma del cuore, si perde nell'albero. Sempre da questa punta parte una seconda linea diagonale verso destra che s'interseca con il fiume ed assume nella parte supe-

78

riore del quadro la tipica rotondità della forma stilizzata del cuore. Il simbolo dell'amore racchiude una coppia d'innamorati.

Nella sua opera tarda Chagall riesce spesso ad attribuire una funzione figurativa alle forme motivate formalmente e quindi in realtà astratte. Ciò che ad un primo sguardo appare come una linea ed una distribuzione della superficie dovuta alla composizione si rivela come un simbolo che, come ad esempio il cuore, serve ad interpretare il quadro. Con ciò Chagall si distacca dalle idee dei cubisti e dalle concezioni figurative di Delaunay, che nel passato lo avevano influenzato. La volontà di compenetrare formalmente il quadro e di ricoprirlo nel contempo di una rete puramente astratta gareggiava allora con l'intenzione di abbozzare oggetti non ancora identificabili.

A questa nuova funzione della forma, che serve all'interpretazione del quadro, fa riscontro in molti dipinti la liberazione del colore. Con un certo ritardo Chagall si rifà, al riguardo, alla pittura informale che iniziò nel 1947 con i primi drip-paintings dell'americano Jackson Pollock. Nel quadro *I ponti sulla Senna* (fig. a pag. 79), ad esempio, la superficie colorata in blu non può più venir identificata totalmente con un oggetto figurativo. È vero che, da un lato, essa ricopre totalmente la coppia sdraiata ma, dall'altro lato,

I ponti sulla Senna, 1954
Olio su tela, 111,5 x 163,5 cm
Amburgo, Kunsthalle

«Oggigiorno è diventata una cosa ovvia ignorare la natura. Questo atteggiamento mi ricorda quelle persone che non ti guardano mai negli occhi; esse mi sono sospette ed io devo distogliere sempre lo sguardo da loro».
MARC CHAGALL

I tetti, 1956
Litografia, 55 x 41 cm

«Non so (e chi può prevederlo?) quale forma esteriore ed interiore avrà l'arte francese del futuro, quando la Francia si sarà ripresa da questa terribile tragedia . . . Sono convinto ché, una volta conclusasi la serie dei suoi grandi maestri, la Francia compirà di nuovo dei miracoli, come nel passato. Vogliamo credere nel genio della Francia». MARC CHAGALL

Il campo di Marte, 1954/55
Olio su tela, 149,5 x 105 cm
Essen, Museum Folkwang

essa va oltre le linee di contorno e forma una specie di alone attorno agli innamorati che si abbracciano. In questo come pure in tutti gli altri dipinti, nei quali sono riconoscibili gli influssi della pittura astratta ed espressiva americana, la pennellata è tutt'altro che spontanea: essa contribuisce a rafforzare l'impressione di quel candore che Chagall ha imposto da sempre alle sue figure mediante l'impiego di alcuni accorgimenti.

I numerosi dipinti con motivi floreali di quell'epoca, come ad esempio il quadro *Il campo di Marte* (fig. a pag. 81), rappresentano una variante del tema dell'autonomizzazione del colore. I motivi floreali offrono a Chagall una gradita occasione di celebrare una pittura eccellente, permettendogli di valorizzare appieno i colori, di modellarne con cura la tonalità e di gustarne i contrasti. Questi passaggi figurativi sono, per così dire, isole di pura pittura, circondate da una tecnica pittorica altrettanto delicata, che però risulta molto più legata al rispettivo oggetto.

Come Chagall impieghi questa nuova autonomia dei colori per una migliore comprensione di un quadro, usandola quasi come un aiuto di lettura per l'osservatore, traspare dal dipinto *Il concerto* (fig. a pag. 82) del 1957. Una barca con dentro una coppia d'innamorati galleggia sul fiume; sulla sponda destra la città e su quella sinistra un gruppo di musicanti. I corpi nudi della coppia d'innamorati sono di un rosso acceso che dalle loro teste si propaga verso l'alto. Parallelamente a questo legame, altre due strisce di colore blu che partono dalla superficie dell'acqua fungono da congiungimento con il posto dove si trovano i musicanti. Tali fasce di colore suggeriscono un movimento della barca dal basso a destra verso l'alto a sinistra. La romantica passeggiata in barca con la luna piena è, quindi, propriamente un passaggio dalla città, avvolta nel blu freddo, ad una sfera superiore, popolata da musicanti celesti.

La torre Eiffel, l'arco di trionfo e la cattedrale di Notre-Dame stanno come simboli per Parigi, la città in cui Chagall aveva il suo atelier prima della guerra, in un periodo in cui essa rappresentava ancora ciò che più tardi non sarebbe mai più stata e cioè la metropoli dell'arte. Chagall, come del resto molti suoi colleghi, le aveva voltato le spalle, andandosene sulla Costa Azzurra che era diventata un piccolo Montparnasse. L'ambiente era più che ideale per Chagall, da cui egli del resto non si allontanò più. Infatti nel 1967 Chagall fece costruire a Saint-Paul-de-Vence una casa concepita per le sue esigenze di lavoro, comprendente, tra l'altro, tre atelier e cioè uno per la grafica, un altro per il disegno ed un terzo per la pittura nonché per studi di grandi dimensioni.

Poco prima di quest'ultimo trasloco egli terminò il quadro *Exodus* (fig. a pag. 83) che, come dice il titolo, tratta dell'esodo degli ebrei dall'Egitto nel 1200 a.C., così come sta scritto nel Vecchio Testamento. Mosè, che guidava il suo popolo e che dopo la traversata miracolosa del Mar Rosso ricevette i dieci comandamenti, tiene in mano nel quadro — in basso a destra — proprio quelle tavole della legge da lui ricevute dalla mano di Dio. Dietro di lui, emerge dalla profondità del quadro un'immensa folla che raffigura

«Dio, la prospettiva, il colore, la Bibbia, la forma e le linee, le tradizioni e tutto ciò che viene chiamato »umano« e cioè l'amore, la protezione, la famiglia, la scuola, l'educazione, la parola dei profeti ed anche la vita con Cristo, tutto questo è andato smarrito. Forse anch'io sono stato assillato talvolta da dubbi e in tali situazioni ho dipinto un mondo a rovescio e tagliato le teste alle mie figure che ho fatto a pezzi e lasciato volare da qualche parte nei miei quadri».   MARC CHAGALL

Il concerto, 1957
Olio su tela, 140 x 239,5 cm
New York, collezione Evelyn Sharp

il popolo d'Israele in viaggio verso la terra promessa. Oltre che a rifarsi alla parabola della Bibbia, questa raffigurazione simboleggia anche tutti gli altri esodi degli ebrei avutisi durante il periodo che va dalla seconda guerra mondiale alla fondazione dello Stato d'Israele nel 1948, che Chagall, nella maniera che gli era congeniale, ha poi mescolato con la propria concezione letteraria.

Il motivo della cacciata e della fuga viene ripreso ancora una volta nel quadro *La guerra* (fig. a pag. 84). Un carro, misero e stracarico, lascia lentamente la città in fiamme, che appare sullo sfondo, seguito da un uomo dal passo stanco, che porta sulle spalle un sacco contenente tutti i suoi averi, per salvarli, così, dall'incendio. Ma la maggior parte delle figure possono salvare soltanto la propria vita: disperate e sbalordite esse cercano conforto abbracciandosi. Le persone rimaste in città, e non da ultimo gli animali, non hanno alcuna via di scampo contro le fiamme divoratrici. Chagall illustra, immedesimandovisi, le sofferenze del popolo dovute alle atrocità della guerra. Aggiungendo — in alto a destra — a questo scenario della violenza una scena della Crocifissione, egli eleva nel contempo le vittime della guerra a martiri che, pur non avendo commesso alcuna colpa, sono costretti ad espiare per altri.

Molto più rari di quelle raffigurazioni storiche moderne che non riflettono retroscena politici, ma colgono, al posto di ciò, momenti di sofferenza umana, sono nell'opera di Chagall i ritratti.

Exodus, 1952-1966
Olio su tela, 130 x 162 cm
In possesso degli eredi dell'artista

Dopo aver lasciato la Russia, soltanto le sue due mogli ebbero l'onore di venir ritratte da lui. Nel 1966 nacque, infatti, il ritratto di Vava (fig. a pag. 85), che la raffigura seduta su una sedia, con il braccio sinistro poggiato sullo schienale. Sul suo grembo fluttua una coppia d'innamorati, che dovrebbe rassicurarla del profondo amore nutrito dal marito per lei. Sullo sfondo appaiono la torre Eiffel, una testa d'animale di colore rosso e una strada di paese, motivi che fanno parte del repertorio tradizionale del pittore. Ma in questo quadro essi suggeriscono l'interno di un atelier, nel quale Vava, la musa di Chagall, posa proprio davanti a quei quadri per i quali aveva fornito l'ispirazione.

 «Il circo è per me uno spettacolo magico che viene e va proprio come un mondo»: così Chagall descrive un mondo che rassomiglia molto a quello dei suoi quadri ed al quale egli ha dedicato numerosi dipinti come ad esempio *Il grande circo* (fig. a pag. 87) oppure *La grande parata* (fig. a pag. 90). Allegria e mu-

«I mutamenti nell'ordine sociale nonché, nell'arte sarebbero più attendibili, qualora provenissero dall'anima e dallo spirito. Se gli uomini leggessero più attentamente le parole dei profeti, troverebbero le chiavi della vita». MARC CHAGALL

La guerra, 1964-1966
Olio su tela, 163 x 231 cm
Zurigo, Kunsthaus

sica, un luogo di magia e di stranezze, dove ogni legge sembra aver cessato d'aver vigore: queste caratteristiche valgono tanto per i quadri di Chagall che per il circo. Con la raffigurazione dell'allegra confusione nell'arena si concretizzano le sue fantasie che altrimenti resterebbero sogni, trovando una corrispondenza nella realtà. L'uomo che vola sotto la tenda, infatti, non è nient'altro che un trapezista.

Anche il motivo dell'uomo con le ali, nel quadro La caduta di Icaro (fig. a pag. 88), non è frutto della fantasia del pittore, ma si rifà alla saga greca, secondo cui Icaro e il padre Dedalo avevano costruito un apparecchio per volare e con cui volevano fuggire dall'isola di Creta, dove erano tenuti prigionieri. Ma il figlio, un po' troppo impulsivo, si avvicinò troppo al sole, perdendo in tal modo le ali applicate alla schiena con la cera e cadendo in mare. Chagall ha spostato il luogo dell'azione: la tragedia viene seguita ora attentamente da numerosi spettatori. La tranquillità del villaggio viene disturbata sensibilmente dall'evento con sfondo storico. Mentre il quadro La caduta di Icaro presenta colori insolitamente chiari, aventi lo scopo di evidenziare il ruolo particolare del sole nella saga tramandata, nel dipinto Il mito di Orfeo (fig. a pag. 89) preval-

I commedianti, 1968
Olio su tela, 150 x 160 cm
Svizzera, collezione privata

gono invece colori scuri, di certo per mettere in evidenza che l'eroe greco doveva discendere agli inferi per liberare la sua amata sposa Euridice.

Chagall si era prefisso di creare qualcosa di grande ed in ognuna delle sue fasi di creatività egli attuò questo suo proposito in modo diverso. Nell'opera tarda, oltre ad una serie di litografie, come ad esempio le famose illustrazioni della Bibbia (apparse nel 1957) e *Dafne e Cloe* (apparsa nel 1961), furono soprattutto monumentali dipinti murali, mosaici, arazzi e vetrate a stimolare la sua capacità creativa. Tra i suoi più importanti lavori eseguiti in rapida successione figurano: la decorazione della chiesa di Plateau-d'Assy in Savoia (1957); le vetrate per la cattedrale di Metz (dal

Il grande circo, 1968
Olio su tela, 170 x 160 cm
New York, Pierre Matisse Gallery

1958); il dipinto murale nel ridotto del Frankfurter Schauspielhaus (1959); le vetrate per la sinagoga della clinica universitaria di Gerusalemme (1962); le vetrate per la sede dell'ONU a New York e le decorazioni del soffitto dell'Opera di Parigi (1964); le decorazioni murali a Tokio e Tel Aviv, nonchè quelle per il Metropolitan di New York (1965), per il Parlamento di Gerusalemme (1966); i mosaici per l'università di Nizza (1968); le vetrate per la chiesa Frauenmünster di Zurigo (1970); i mosaici per il museo Chagall di Nizza (1971); le vetrate per la cattedrale di Reims ed i mosaici per la First National Bank di Chicago (1974); le vetrate per la cattedrale di Santo Stefano di Magonza (dal 1978).

L'appartenenza ad una determinata comunità religiosa non

La caduta di Icaro, 1975
Olio su tela, 213 x 198 cm
Parigi, Musée National d'Art Moderne,
Centre Georges Pompidou

doveva costituire né per Chagall né per i suoi committenti un criterio determinante. Sinagoghe e cattedrali vennero decorate in egual misura. In fin dei conti perfino il «comunista Léger» aveva potuto decorare una cappella, come del resto anche Matisse, i cui dipinti murali a Vence non ispirano, secondo Chagall, di certo alla

Il mito d'Orfeo, 1977
Olio su tela, 97 x 146 cm
In possesso degli eredi dell'artista

preghiera. Lo stile di Chagall si confaceva molto di più a siffatti compiti, dal momento che la cosa determinante era di trovare un tono di fondo che esprimesse una religiosità generalmente valida, passando così in secondo piano i motivi raffigurati. Le vetrate per la chiesa di All Saints nella contea di Kent (fig. a pag. 91) fanno allusione, ad esempio, soltanto frammentariamente alla morte di una ragazza annegata in un lago, in ricordo della quale i genitori avevano donato le vetrate. Un destino privato viene così arricchito nella raffigurazione con figure e simboli correnti desunti da un contesto religioso. Ma ciò che si vede sono prevalentemente motivi presi dalla natura, che attraverso il tono blu inondante tutta la scena producono il desiderato effetto mistico di al raccoglimento.

Come nessun altro artista del XX secolo, Chagall è riuscito ad armonizzare elementi apparentemente inconciliabili, superando le differenze insorte nel corso dei secoli tra comunità religiose, concezioni del mondo e non da ultimo ideologie artistiche diverse. Questa sua capacità d'integrazione ha appagato l'anelito del pubblico di un'umanità intesa come una famiglia vivente in armonia e di un mondo della fratellanza. Nient'altro che Arcadia, Paradiso ed Elisio doveva essere il contenuto della confortante ambasciata e Marc Chagall, il pellegrino per i mondi, il suo messaggero.

«Com'è noto, un uomo buono può essere un cattivo artista. Ma uno che non è un grande uomo e pertanto neanche un ‹uomo buono› non può diventare mai un vero artista».
                                    MARC CHAGALL

89

La grande parata, 1979/80
Olio su tela, 119 x 132 cm
New York, Pierre Matisse Gallery

A DESTRA:
L'apostolo Giovanni, 1978
Vetrata, 157,5 x 40 cm
Tudeley (Kent), All Saints

Gli apostoli Marco e Matteo, 1978
Vetrata, 131,5 x 34,5 cm
Tudeley (Kent), All Saints

La Casa editrice e gli autori ringraziano musei, collezionisti, fotografi ed archivi per aver concesso il permesso di riproduzione. Il loro ringraziamento più vivo per la collegiale collaborazione spetta alla Royal Academy ed alla Casa editrice Weidenfeld & Nicolson, ambedue di Londra. Fotografie: André Held, Ecublens. Archiv Alexander Koch, Monaco. Ingo F. Walther, Alling. Le citazioni di Chagall sono state desunte per la maggior parte dalla sua autobiografia «La mia vita» (Casa editrice Gerd Hatje, Stoccarda) e dalla grande monografia su Chagall di Franz Meyer (Casa editrice DuMont, Colonia).

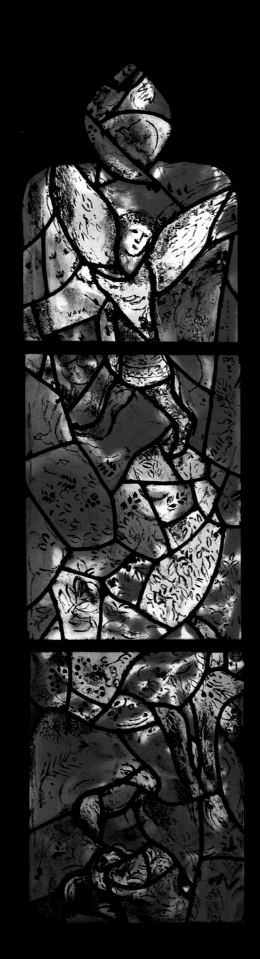

Marc Chagall 1887 – 1985:
vita ed opera

1887   Marc Chagall nasce a Vitebsk (Bielorussia) il 7 luglio, primogenito di 9 figli di una famiglia ebraica. Sua madre, Feiga-Ita, è una donna semplice e suo padre, Zahar, lavora presso un mercante di aringhe.

1906   Termina la scuola comunale e lavora come apprendista nello studio del pittore Jehuda Pen.

1907   Con l'amico Mekler si reca a Pietroburgo e frequenta la scuola della «Imperiale Società per l'Incoraggiamento delle Arti».

1908   Passa alla scuola Cvanceva diretta da Léon Basket, dove rimane fino al 1910.

1909   Ripetuti soggiorni a Vitebsk, dove conosce Bella Rosenfeld, figlia di un gioielliere, che diventerà sua moglie.

1910   Si reca a Parigi; un mecenate gli finanzia il viaggio. Resta affascinato dal-l'intenso colorismo di Van Gogh e dei Fauves. *La nascita* (fig. a pag. 11).

1911   Espone il quadro *Io ed il villaggio* (fig. a pag. 21) al «Salon des Indé-pendants». Si stabilisce in uno degli ate-lier di La Ruche dove alloggiano anche Léger, Modigliani e Soutine. Stringe ami-cizia con Léger, Cendrars, Apollinaire e Delaunay.

1912   Partecipa al «Salon des Indipén-dents» ed al «Salon d'Automne». *Il mer-cante di bestiame,* (fig. a pag. 31).

1913   Conosce per il tramite di Apolli-naire il mercante Walden di Berlino e par-tecipa al primo salone d'autunno a Ber-lino.

1914   Prima mostra personale a Ber-lino alla galleria «Der Sturm» di Walden. Viaggio da Berlino a Vitebsk, dove lo sor-prende lo scoppio della prima guerra mondiale: perde quasi tutti i quadri lasciati a Berlino e a Parigi; a Pietroburgo viene chiamato ad effettuare esercitazioni di mascheramento.

1915   Il 25 luglio sposa a Vitebsk Bella Rosenfeld. In autunno trasloca a Pietro-burgo. *Il poeta sdraiato* (fig. a pag. 40) e *Il compleanno* (fig. a pag. 38).

1916   Nascita della figlia Ida. Esposi-zioni a Mosca e a Pietroburgo.

1917/18   Viene nominato commissa-rio alle Belle Arti per la regione di Vitebsk, dove fonda moderne scuole d'arte nelle quali insegnano anche Lisickij e Malevič. Organizza feste per il primo anniversario della rivoluzione d'ottobre. Esce la prima monografia di Chagall. Abbandona l'ac-cademia dopo un diverbio con Malevič. *Le porte del cimitero* (fig. a pag. 45).

1919/20   Prende parte alla prima espo-sizione ufficiale dell'arte rivoluzionaria a Pietroburgo; il governo acquista 12 qua-dri. Trasloca a Mosca e realizza dipinti murali e decorazioni per il «Teatro ebraico».

La famiglia Chagall a Vitebsk. Marc, in piedi, è il secondo da destra

Chagall nel 1925

Chagall (seduto, è il terzo da sinistra) con il comitato scolastico dell'Accademia di Vitebsk. All'estrema sinistra El Lisickij, il terzo da destra Jehuda Pen, primo maestro di Chagall a Vitebsk. Estate 1919

Chagall mentre lavora ad un bozzetto dei dipinti murali per il «Teatro ebraico» di Mosca. Verso il 1920/21

1921   Insegna disegno agli orfani di guerra nella colonia Malachovka, vicino a Mosca.

1922   Lascia definitivamente la Russia e si trasferisce a Berlino; la moglie e la figlia lo raggiungono. Processo a causa dei 150 quadri lasciati a Berlino, che nel frattempo erano stati venduti. Serie di incisioni all'acquaforte per il mercante Cassirer con le quali illustra la sua autobiografia «La mia vita».

1923   Si trasferisce a Parigi. Illustra per l'editore Vollard le «Anime morte» di Gogol (la cui pubblicazione avviene soltanto nel 1948).

1924   Prima retrospettiva a Parigi. Vacanze estive in Bretagna.

1925   Illustrazioni per le «Favole» di La Fontaine su incarico di Vollard (pubblicate soltanto nel 1952). *La vita campestre* (fig. a pag. 53).

1926/27   Prima mostra personale a New York. 19 guazzi per la serie con motivi della vita del circo. Estate nell'Alvernia.

1928   Lavora alle «Favole». Estate a Céret, inverno in Savoia.

1930   Vollard gli commissiona le illustrazioni per la Bibbia. *L'acrobata* (fig. a pag. 59)

1931   Esce l'autobiografia «La mia vita», tradotta da Bella. Si reca con la famiglia a Tel Aviv in occasione dell'inaugurazione del Museo; studia paesaggi biblici in Palestina, Siria ed Egitto.

Chagall con la tavolozza, 1925

Chagall dà lezioni di pittura agli orfani di guerra nella colonia Malachovka, vicino a Mosca. 1920

Con Bella prima della partenza per Parigi. 1922

1932 Viaggio in Olanda; vede per la prima volta le incisioni all'acquaforte di Rembrandt.

1933 Grande retrospettiva al Museo di Basilea.

1934/35 Viaggio in Spagna; entusiasta di El Greco. Si reca a Vilna e a Varsavia e avverte il pericolo per gli Ebrei.

1937 Diventa cittadino francese. Diversi suoi quadri all'esposizione «L'arte depravata», 59 dei quali vengono sequestrati. Si reca a Firenze. *La rivoluzione* (fig. a pag. 61).

1938 Con i suoi quadri ispirati alla Crocifissione ricorda le sofferenze del suo popolo. Espone a Bruxelles. *La crocifissione in bianco* (fig. a pag. 63).

1939/40 Ottiene il premio della Fondazione Carnegie per la pittura. Allo scoppio della guerra parte per la Loira, portando con sé i suoi quadri; più tardi si reca a Gordes, in Provenza, non ancora occupata dalle truppe tedesche.

1941 Viaggio a Marsiglia e da qui a New York su invito del Museum of Modern Art, dove arriva il 23 giugno, giorno dell'invasione della Russia da parte della Germania.

1942 In estate realizza in Messico le scene ed i costumi per il balletto «Aleko» di Čajkovskj per il Metropolitan Opera di New York.

1943 Trascorre l'estate a Cranberry Lake nei pressi di New York. Chagall è profondamente sconvolto dagli eventi bellici in Europa. *La contestazione* (fig. a pag. 66/67).

Autoritratto con volto sorridente, verso il 1924/25. Acquaforte e puntasecca, 27,7 x 21,7 cm. Collezione privata

1944 Bella muore il 2 settembre a seguito di un'infezione da virus. Per molti mesi Chagall non è in grado di lavorare. *L'occhio verde* (fig. a pag. 72).

1945 Dopo la morte di Bella inizia di nuovo a dipingere. Cura l'allestimento del balletto di Stravinskij «L'uccello di fuoco» per il Metropolitan Opera di New York.

1946 Retrospettive al Museum of Modern Art e quindi a Chicago. Primo

Chagall nel 1930

viaggio a Parigi dopo la guerra. Litografie a colori per «Le Mille e una Notte».

1947 Esposizione al Musée National d'Art Moderne di Parigi, quindi ad Amsterdam ed a Londra. *La Madonna con la slitta* (fig. a pag. 75).

1948 In agosto ritorno definitivo a Parigi; abita a Orgeval nei pressi di Saint-Germain-en-Laye. Primo premio per la grafica alla XXV Biennale di Venezia.

1949 Trasloca a Saint-Jean-Cap-Ferrat sulla costa azzurra. Dipinti murali per il Watergate Theatre di Londra.

1950 Si stabilisce definitivamente a Vence. Prime ceramiche. Retrospettive a Zurigo e Berna.

1951 Inaugurazione dell'esposizione di Gerusalemme. Prime sculture.

1952 Il 12 luglio sposa Valentina (Vava) Brodskij. L'editore Tériade gli commissiona alcune litografie per «Dafne e Cloe». Escono le «Favole» di La Fontaine. Primo viaggio in Grecia con Vava.

1953 Esposizione a Torino. Serie di quadri su Parigi. *Le Quai de Bercy* (fig. a pag. 78), *I ponti sulla Senna* (fig. a pag. 79).

1954 Secondo viaggio in Grecia. Lavora a *Dafne e Cloe*.

1955/56 Esposizioni ad Hannover, Basilea e Berna. Serie di litografie *Le Cirque*.

1957 Si reca ad Haifa per l'inaugurazione della *Casa Chagall*. *La Bibbia* viene edita da Tériade.

Chagall al lavoro nel suo atelier parigino, in compagnia della moglie Bella e della figlia Ida. Sullo sfondo «Il compleanno». 1927

Nell'atelier

A passeggio nel parco di Vence

Chagall con la sua seconda moglie Vava

1958 Allestimento del balletto *Dafne e Cloe* di Ravel per il teatro dell'Opera di Parigi. Conferenze a Chicago e Bruxelles. Inizia le vetrate per la cattedrale di Metz.

1959 Membro onorario dell'«American Academy of Arts and Letters». Dottore honoris causa dell'università di Glasgow. Esposizioni a Parigi, Monaco ed Amburgo. Dipinti murali per il «Frankfurter Schauspielhaus».

1960 Ottiene con Kokoška a Copenhagen il premio «Erasmus». Vetrate per la sinagoga della clinica universitaria «Hadassah» di Gerusalemme.

1962 Si reca a Gerusalemme per l'inaugurazione delle vetrate. Termina le vetrate per la cattedrale di Metz. Diventa cittadino onorario di Vence.

1963 Retrospettive a Tokio e Kioto. Viaggio a Washington.

1964 Viaggio a New York; vetrate per la sede delle Nazioni Unite. Termina le decorazioni del soffitto dell'Opéra di Parigi.

1965 Decorazioni murali a Tokio e Tel Aviv. Inizia i dipinti per il nuovo Metropolitan Opera e per il Lincoln Center di New York nonché l'allestimento del *Flauto magico*. Diventa ufficiale della legione d'onore.

1966 Mosaici e dodici dipinti murali per il nuovo Parlamento di Gerusalemme. Si reca a New York per l'inaugurazione dei dipinti al Lincoln Center. Lascia

Vence per trasferirsi nella nuova casa a Saint-Paul-de-Vence. Termina l'*Exodus* (fig. a pag. 83) e *La guerra* (fig. a pag. 84).

1967 Va alla prima del *Flauto magico* di Mozart a New York. Retrospettive per l'ottantesimo compleanno a Zurigo e Colonia. Inizia tre grandi arazzi per il parlamento di Gerusalemme.

1968 Viaggio a Washington. Vetrate per la cattedrale di Metz. Mosaico per l'università di Nizza.

1969 Posa della prima pietra della fondazione «Messaggio biblico» a Nizza. Viaggio in Israele per l'inaugurazione degli arazzi del parlamento.

1970 Inaugurazione delle vetrate per la chiesa «Frauenmünster» di Zurigo. Esposizione «Omaggio a Chagall» al Grand Palais di Parigi.

Al caffè a Saint-Paul-de-Vence

1972 Inizia il mosaico per la First National Bank di Chicago.

1973 Viaggio a Mosca e Leningrado. Inaugurazione del «Musée Nationale Message Biblique Marc Chagall» a Nizza.

1974 Inaugurazione delle vetrate per la cattedrale di Reims. Viaggio in Russia e Chicago per l'inaugurazione del mosaico.

1975/76 Esposizione di lavori su carta a Chicago. Esposizioni ambulanti in cinque città giapponesi. *La caduta di Icaro* (fig. a pag. 88).

1977/78 Ottiene dal presidente della Repubblica la Gran Croce della Legion d'Onore. Visita l'Italia ed Israele. Inizia le vetrate della chiesa parrocchiale di Santo Stefano di Magonza. Mostra a Firenze.

1979/80 Esposizione a New York e Ginevra. Mostra dei *Salmi di Davide* al Musée «Message Biblique» di Nizza.

1981/82 Esposizione di opere grafiche ad Hannover, Parigi e Zurigo. Retrospettiva al Moderna Museet di Stoccolma e al Louisiana Museum, Humlebaek, in Danimarca (fino al marzo 1983).

1984 Retrospettive al Centre Pompidou a Parigi, a Nizza, a Saint-Paul-de-Vence, a Roma e a Basilea.

1985 Grandi retrospettive alla Royal Academy of Arts a Londra e al Philadelphia Museum of Art. Chagall muore il 28 marzo a Saint-Paul-de-Vence. Retrospettive dei lavori su carta ad Hannover, Chicago e Zurigo.